基于区块链的
数字消防产业生态

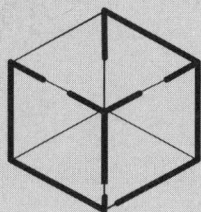

江　雄　阮安邦 / 著

中国城市出版社

图书在版编目（CIP）数据

基于区块链的数字消防产业生态／江雄，阮安邦著．—北京：
中国城市出版社，2020.9
　ISBN 978-7-5074-3293-0

　Ⅰ.①基… Ⅱ.①江… ②阮… Ⅲ.①区块链技术－应用－消防－
产业发展－研究 Ⅳ.①F426.9

　中国版本图书馆CIP数据核字（2020）第156789号

　　本书以基于新型数字技术的消防生态体系的构建与发展为主要内容，在国家强调深化消防执法改革和"新基建"快速发展的背景下，以5G、物联网、AI和区块链等新兴技术为依托，以消防面临的新机遇和新挑战为切入点，以先进的理论研究和解决方案为重点，以数字消防生态体系下万亿级产业潜力为愿景，综合阐述基于新型数字技术的消防生态体系的宏观框架和实际应用。本书读者主要面向消防一线工作者和该领域高校研究者，一方面为实际工作提供宏观系统化的认知和具体的解决方案应用落地参考，另一方面也可为数字产业和消防相关研究提供参考。可供建筑设计、公安、消防等相关行业从业人员及高等学校相关专业师生参考阅读。

责任编辑：唐　旭　吴　绫
文字编辑：李东禧　孙　硕
版式设计：锋尚设计
责任校对：张惠雯

基于区块链的数字消防产业生态
江　雄　阮安邦　著
*
中国城市出版社出版、发行（北京海淀三里河路9号）
各地新华书店、建筑书店经销
北京锋尚制版有限公司制版
北京建筑工业印刷厂印刷
*
开本：787毫米×1092毫米　1/16　印张：9　字数：190千字
2020年11月第一版　2020年11月第一次印刷
定价：39.00元
ISBN 978－7－5074－3293－0
（904282）

把握新基建转型机遇，构建数字消防生态链

　　面对着送来的书稿，好像让我看到了一个色彩斑斓的数字消防生态世界，很有目不暇接之感。应邀作序，实感欣慰，因为书中很多内容在我的常识之外，是技术性很强的专业论述，但与我长期从事的数字经济和区块链理论研究息息相通，特别有亲切感。在我看来，这本书阐述的观点在已出版的消防著书中还不多见，独特性以区块链技术融合消防产业，呈现消防产业链横向跨界与纵向延伸并行的产业生态发展逻辑，场景推进跨领域、跨行业的企业集聚和跨界创新，以数据为核心生产要素，以新型数字技术和创新基础设施为支撑，积极探索消防产业"上云入链"与协同共建、共管、共享、共赢为目标，形成良好的产业生态环境，必将成为消防产业发展的重要驱动力。应该可以给业内人士启迪与遐想，应该是数字消防产业生态"新基建"的实战宝典。

　　在新冠疫情和我国加大"新基建"投入的背景下，中国信通院正式发布《中国数字经济发展白皮书（2020年）》，报告显示，2019年，我国数字经济增加值规模达到35.8万亿元，占GDP比重达到36.2%，占比同比提升1.4个百分点，按照可比口径计算，2019年我国数字经济名义增长15.6%，高于同期GDP名义增速约7.85个百分点，数字经济在国民经济中的地位进一步凸显。2020年及未来数年将是数字化改造提升旧动能、培育壮大新动能的发展关键期，充分发掘数字技术对于产业发展的放大叠加和条块拓展作用，是传统产业实现质量变革、效率变革、动力变革的必要途径。新形势下，具备数字化、信息化、智能化等特征的新设备、新产品、新服务、新业态正在经济社会运行中发挥着更加重要的作用。高速网络通信、人工智能、大数据、区块链等数字产业体系是新基建发挥其作用的底层支撑。当前，中央坚定深化消防执法改革，十九大第十九次政治局委员学习会专项学习应急管理，上海市十五届人大常委会第十五次会议审议数字消防立法，各种涉及消防物联网标准将在2020年密集出台，政府工作报告指出要提高应急救援和防灾减灾能力。习近平总书记2020年4月1日在浙江考察时再次强调，要善于化危为机，抓住产业数字化、数字产业化赋予的机遇，抓紧布局数字经济，数字消防产业正迎来前所未有的发展机遇。现阶段，中国多数省级以上城市、90%左右地级以上城市均提出了消防数字化转型规划，有数百个城市正在规划和建设新型数字消防体系，综合性市场容量超过万亿元以上。可以预见，我国消防事业充分具备发展前景，应把握新基建机遇以实现全方位、跨越式、高质量发展。未来数年间，中国将出现估值百亿、千亿的世界级的消防企业，且最有可能的细分行业在数字消防领域，以云化和边缘计算、大数据平台为载体，在面向市民、建筑物、城市服务和基础设施建设等多方面开展大数据数字消防领域的投资、建设、运维管理以及建立建全相配套的相关法规、标准。总而言之，构建数字消防生态可信基础链势在必行。

　　未来，数字经济将呈产业数字化、数字产业化、数据治理化、数据价值化、数字资产化发展，数字化基础设施必将成为消防生态的标配，数字消防产业在预警、报警闭环处置、大数据整体运维、可信计算等环节还需要进行优化。高效率、高质量地引导数字消防产业升级变革，打通"数据壁垒"，构建可信数字消防生态体系，将加速消防相关部门、企业快速拥有数字化能力，加强区域之间共享数据、构建生态、共赢发展的全生命周期互联互通，让数据服务于业务决策，实现数据到数字化再到智慧化的转换，抓紧布局数字消防产业经济，培育与挖掘新时代的新动能和巨大的新经济潜能，与时偕行，构建数字消防生态链，造福天下。

陈晓华

2020年9月9日

　　陈晓华，数字经济学家、区块链经济理论首创者，国家工信部工业互联网区块链重大项目评审专家，中国移动通信联合会区块链专业委员会主任委员，北京邮电大学国家大学科技园金融科技研究所所长，国家区块链经济课题研究小组副组长兼秘书长，清华大学全球私募股权研究院智库委员，浙江大学数字金融学院区块链实验室专家成员，中央财经大学经济学院校外导师，雄安新区建设发展研究中心专家顾问，央视《聚焦区块链》栏目访谈嘉宾。

　　荣获"2017中国经济年度领军人物"，连续8年荣获工信部行业教育培训先进个人。主要学术代表作：《互联网金融风险控制》《金融科技概论》《供应链金融》《人工智能重塑世界》《揭秘区块链》《5G新动能：数字经济时代加速器》等书。

　　作为嘉宾应邀出席过世界VR产业大会、国家教博会、中国—东盟博览会、中国高等教育博览会做主旨演讲。

用科学树立数字消防文明的典范

2020年这场突如其来的新冠疫情，让全球封关锁国，改变了世界的经济社会格局和日常生活的意识形态，加速了人们衣、食、住、行触网数字化的应用。中国对于"新基建"项目的建设，将促使更多物理世界的信息呈现在数字空间中，形成数据。同时，数据在数字空间的应用也影响物理世界的行为方式，将个人、企业、政府三个系统实现全面数字化融合。而区块链与大数据等构成的可信信息基础链设施，则成为社会数字化转型的重要支撑。

在国家强调深化消防执法改革和"新基建"快速发展的背景下，本书以基于新型数字技术的消防生态体系的构建与发展为主要内容，以前沿通信技术、物联网、AI和区块链等新兴技术为依托，以消防产业面临的新机遇和新挑战为切入点，以先进的理论研究和解决方案为重点，以数字消防生态体系下万亿级产业潜力为愿景，综合阐述基于新型数字技术的消防生态体系的宏观框架和实际应用。基于区块链的数字消防产业生态，是我们对未来的大胆构想和宏伟设计，但绝不能与现实脱离，应实事求是地结合实际情况与未来发展趋势，采取"脚不能到达的眼要到达，眼不能到达的心要到达"的战略思维，才能够做到领先半步引导和创造未来。目前我国消防队伍与产业结构正在改制和升级变革，已处在领先的"无人区"，"贞下起元①，利者义之和也②"，需要我们消防业内人士深度思考……"见微知著③，元亨利贞④"，把敢于创新发展理念作为思近谋远的"导航仪"，拓宽视野、敢问路在何方，厚植发展优势，培育发展的动能和空间，开创"数字消防"新格局、新思考、新内涵，提升发展新境界谋篇定策，可以给社会、企业带来成功的启迪，潜力无限，一切皆有可能——目标蕴含神奇的推力，铺就成功之路。

本书读者主要面向社会、政府公共安全与应急部门管理者、消防一线工作者和该领域高校研究者。一方面可为实际工作提供宏观系统的认知和具体解决方案应用落地的参考，另一方面也可为数字产业和消防相关研究提供参考。同类型书籍侧重于对消防具体技术应用、管理实践等内容，或是侧重数字化防灾等宏观主题，较少同时涉及数字化新型生态构建和消防两个主题的有机结合，少有阐述从背景需求到宏观框架再到数据安全、消防救援、工程实践、维保监理等的完整链条的相关书籍。本书在编写上也存在许多不足之处，望广大读者和业内朋友予以批评指正。

---

① 《易经》中"贞起下元"，表示另一个阶段开始。
② "利者义之和也"在求互利互惠时，要明辨是非，避免争端，就应该合理，才能够一团和气，大家都乐于接受。
③ "知微见著"即预先做好万全的准备，及时做出合理的因应。
④ "元亨利贞"代表一套慎始善终的思维系统，贞（正）即吉。

目 录

第1章
概念与趋势

第2章
数字消防：产品、装备与应用系统

第3章
区块链与数字消防

第4章
数字消防与物联网

区块链跨界造就数字消防新生态

2020年世界迎来了覆盖全球的中国北斗系统和数字化全面应用的时代，中国消防产业面对区块链、新型网络、人工智能等技术的应用，正处于新一轮新技术革命和产业变革的时代，我们更需深度思考前沿技术与消防产业的融合发展，审时度势，迈向基于愿景驱动的理论突破和基础技术发明创新的2.0时代元年。

区块链，作为互联网世界新的分合转折点，引领了可信计算的潮流，并通过去中心化的思路为这个时代带来了新革命。长期以来，互联网行业呈现出一种"分久必合，合久必分"的态势，"合久必分"意味着企业（如早年间的AT&T）掌握着垄断性技术资源，在规模效应足够的情况下长期霸占市场，但当一些关键性技术（往往是开源类型的，如TCP协议、P2P等）出现时，市场又呈现出多元化的格局。而当"分久"的态势持续一段时间后，又会出现像谷歌搜索、苹果等中心化的服务。如今，区块链将通过去中心化的核心理念，为人类带来价值交换的新模式，通过可信算法实现了达成新共识的巧妙机制，也为世界带来新的"合久必分"的机遇。类似生命系统，区块链通过Hash函数的计算行为（表面上看浪费了周围世界的能量资源，实质上达成了更重要的目标——产生共识），使得创造数据能被价值化、可信化、共识化，从而构建大数据、人工智能和物联网等能够更进一步的生态体系，并拓展到城市和产业发展的各个领域。

在消防领域，区块链赋能下的数字消防将呈现出全新的样貌。在消防大数据信息防篡改方面，因行业监管的要求，日益增长的对消防大数据防篡改的需求，要求消防数据的客观存证和防止篡改。对此，通过区块链存证保证平台信息永久存储，进行人工智能用户行为分析，实现全生命周期的数据可信。在建立消防大数据可信共享体系方面，基于区块链技术，可实现消防大数据分布式数据实时同步，可赋能消防产业供应链金融、消防安全指数形成、消防保险、立体化综合应急决策指挥等业务场景。在多中心化监管与响应方面，利用智能合约追溯技术确保应急响应流程真实有效不被篡改，运用分布式计算，实现应急事件的分级响应。在可信计算赋能下，数字消防的各类跨行业领域的新技术融合、新模式探索，具有巨大的发展潜能和想象空间，不一而足。

为快速推进中国消防产业数字化升级，我们需要跟踪世界最新动态资讯，加强对信息的搜集与整理工作，创建多维度互联、共享的数字消防生态体系。从宏观上引导产业升级变革，跨越非标个性化定制的技术性障碍，应用区块链"分布式"的特点降低成本，提升协作效率，打通跨区域部门间的“数据壁垒”，真正实现从“信息互联网”到“信任物联网”的转变，实现由被动应对到主动应对，直至完成战略应对的目标。同时，要充分利用资本市场对战略新兴产业进行投入，推动在“一带一路”沿线国家的项目合作中，引领世界各国共建、共享数字消防生态体系，与各国分享中国的数字消防领域发展中的成功经验和领先成果，发出中国声音，注入更多中国创造元素，达到维护和拓展各国的数字消防产业发展利益，促进构建全球化数字消防产业生态体系建设与规则标准的创新、共赢，牢固树立人类安全与命运共同体意识，推动构建人类安全与命运共同体（图0-1）。

数字消防产业生态

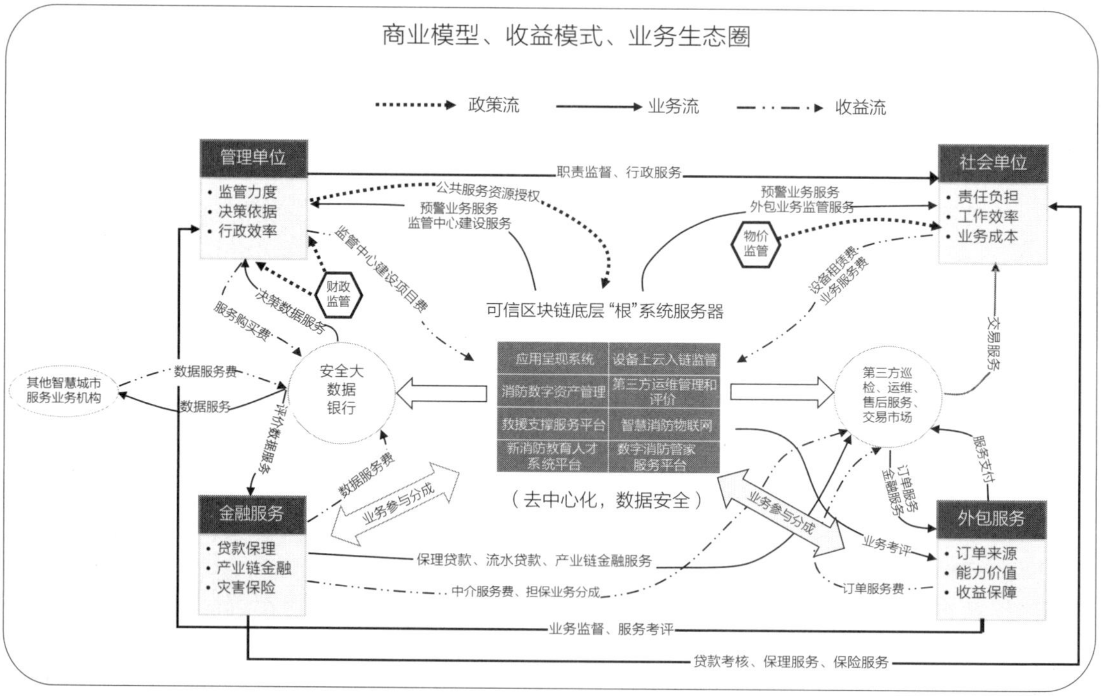

图 0-1　共建多方共赢的产业生态

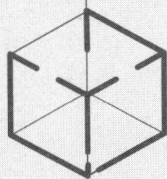

第 **1** 章

概念与趋势

- 数字消防定义

- 数字消防建设的必要性

- 消防跨界区块链的新思路

- 区块链技术发展现状

- 数字消防发展趋势

- 数字消防的未来展望

1.1
数字消防定义

1.1.1 什么是数字消防

数字消防就是以立足满足火灾防控"自动化"、灭火救援指挥"智能化"、日常执法工作"系统化"、队伍管理"精细化"的实际需求，大力借助和推广前沿网络通信技术、大数据、云计算、物联网、人工智能、北斗通信与地理信息等新一代高新技术，创新消防管理模式，实现智慧防控、智慧作战、智慧执法、智慧管理的产业融合。数字消防产业生态的构建，可以集成基于可信区块链技术（-1层区块链Underground Layer），将GIS（地理信息系统）、北斗系统或GPS（全球卫星定位系统）、GSM（无线移动通信系统）和物联网、云计算等高新技术集于一体，如建立数字消防无线监管网络服务平台等，实现宏观到微观、上游到下游的全面覆盖。

数字消防能够成功解决消防应急救援与电信、建筑、供电、交通、供水等公共设施建设协调发展的系统性问题，改变过去被动的报警、接警、处警方式，实现报警自动化、接警智能化、处警预案化、管理网络化、服务专业化、科技现代化，大大减少了中间环节，极大地提高了处警速度，同时节约了大量的资金，真正做到了方便、快捷、安全、可靠，使人民生命、财产的安全以及消防员的生命安全得到最大限度的保护。

1.1.2 数字消防的系统构成

数字消防系统的基本构成，可以采用：分布式去中心化的用户平台、传输平台、指挥平台、消防移动端、产品平台五个部分。

1. 用户平台

用户平台由报警终端、报警接收机两部分组成。它们之间采用的是无线通信方式，安装简便，性能可靠。报警终端采用目前最先进的传感技术，当发生火灾时，只需按下按钮，报警信号就会迅速传送到报警接收机，启动接收机处的声光报警装置，并通过转发器发送到119指挥中心。火灾发生时，如果现场无人按下按钮，分布的各种智能传感器都会自动将报警信号送到报警接收机，启动接收机处的声光报警装置，并通过转发器发送到119指挥中心，安全、快捷、有效，可防止误报、漏报（图1-1）。

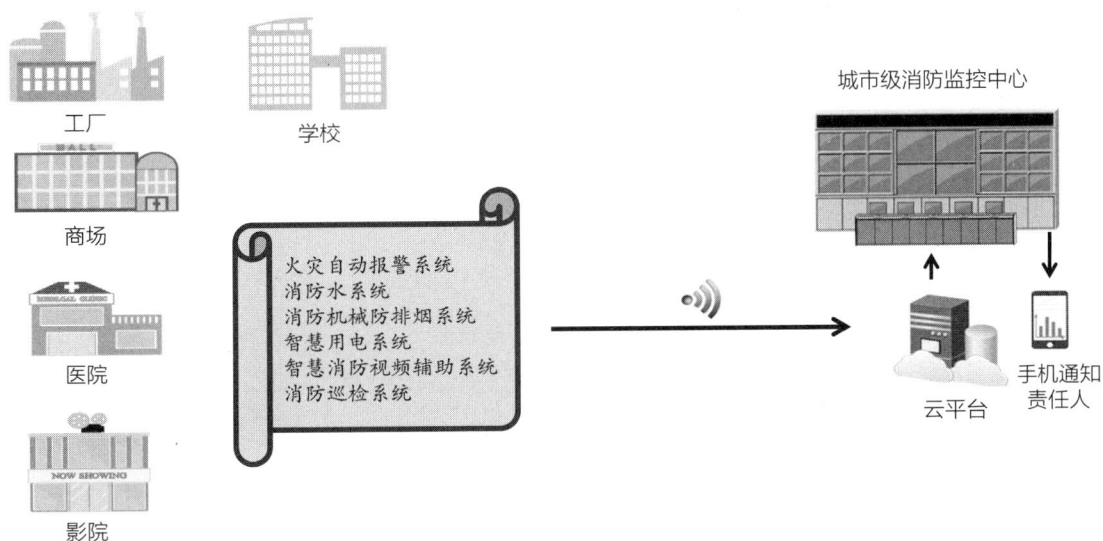

图 1-1 分布式去中心化的用户平台

2. 传输平台（转发平台）

转发平台由无线转发器和有线转发器组成。主机接收到报警信号后，值班人员核对信息后启动转发平台，平台将主机接收到的报警信号通过公共有线网络（DDN/PSTN）和公共无线网络（GSM）以数字信号形式传送到指挥中心，同时将信号通过GSM网传送到相关负责人（包括施工单位、维保人员、产品企业等）的手机上及物业保安监控中心。如果无人值守，则转发平台会在规定的时间内自动将信号转发，如警情不实，可追究值班人员的责任，最大限度地杜绝因谎报、误报而产生的问题，避免消防员出动的无谓浪费。

3. 指挥平台

指挥平台设在消防救援支队，并联消防救援站。消防平台配置的软件系统有数据服务器、消息服务器、监控客户端、通信控制器、视频切换器、LED传输控制程序、MIS管理系统和关系数据库系统。

4. 消防移动端（消防车、无人机、机器人）

消防车上装有GPS和北斗系统双兼容的车载台，它包括车载主机、显示屏、通话手柄等。指挥车可根据用户需要，配备图像传输系统、小型监控中心等。火灾发生时，装有北斗或GPS车载台的消防车、无人机和机器人也都装有北斗或GPS定位系统，可与消防指挥中心进行实时联系，实时接收中心发来的信息，实时向中心传递移动端的状态信息。

5. 产品平台

包括火灾报警、应急照明、防火卷帘、自动喷淋、气体灭火、水泵、消火栓等。产品平台基于物联网智能硬件、云计算、人工智能、新型通信网络、大数据互联共享等技术建立的消防管理系统，实现城市各防火单位设备设施故障预知、警情早预测、报警早定位，做到早发现、早预防、早处理，切实有效地降低火灾发生率，为防火监管部门及时发现火灾隐患，预防火灾发生而造成的事故风险，为社会单位、产品制造企业、施工维保单位厘清权责，提高工作效率，为社会安全生产稳定发展保驾护航。

1.1.3 数字消防的主要功能

1. 报警功能

报警终端采用了当前最先进的传感技术，报警终端和报警接收机之间采用无线通信方式。当发生火灾时，只需按下报警按钮，报警信号就会迅速传送到报警接收机，并启动接收机的声光报警装置和通过转发器将信号传送到119指挥中心（即消防救援支队，消防救援站）。如果火灾现场无人按下按钮，分布的各种智能传感器将自动把报警信号传送到报警接收机，并最终将报警信号传送到119指挥中心，从而实现消防指挥中心对火警的实时监测和发送，完成自动报警。

2. 信息记录和重放功能

接警中心按消防要求及规定给每个用户制定出灭火预案（内容包括用户名称、地址、核实电话、主管人员联络方式、行车路线、人员分布常态、水源等），将数据存储在中心数据库中。当用户报警时，中心的电脑会自动显示用户的灭火预案资料（可随时打印），使接警员迅速、准确地核警和处警。能自动、准确记录报警时间、地点、核警过程、处警程序及处警结果，记录下指挥员的语音和现场情况，提供行车路线，重放行车轨迹及出警与灭火的全过程，不会出现误报、漏报。由于该系统在报警服务网络技术上做了特殊处理，还可对报警用户端、接警端的电脑工作状况、接警后工作人员的火警复核情况、处警结果等进行准确、详实地纪录，做到责任分明，有案可查。

3. 指挥功能

一旦收到火警信息，在接警中心的电子地图上就会立即自动显示出报警点的准确位置（经度和纬度）和到达火点的最佳行车路线。同时将预警信息、处警预案、出车单传给相关的消防救援站、消防车，为迅速处警提前做好准备。采用了高质量的全套自动化设计的接警端，对误报和恶意报警具有自动查询、检测、判断功能，对非法用户有自动停机和拒绝服务的功能。当用户报警时，接警中心的电脑就会自动显示出相关用户的灭火预案资料，内容包括用户名称、地址、核实电话、与主管人员的联系方式、行车路线、内部详图、人员分布常态、逃生通道位置、可燃助燃物特点、消火栓、水源情况、出警及灭火量力部署等。这些资料是接警中心预先按消防规定为用户制定的，并存入中心数据库中。也可人工或自动编制出警方案，并可云上共享供相关人员使用。

4. 消防移动端功能

消防车、无人机、机器人等上配有北斗或GPS卫星定位自主导航仪。当接到报警时，

提供消防作战动态、实时过程管理，以消防装备（消防车、特种器材）管理为核心，以实时、动态、完备的数据体系为支撑，以准确、快速调度为目标，将消防车辆、特种器材、消火栓实况、社会联勤、现场保障等相关应用功能集成在一个动态、时效的数据信息共享系统平台之上。

功能：
消防车辆智能管理
消防器材智能管理
社会联勤智能管理
现场智能保障管理

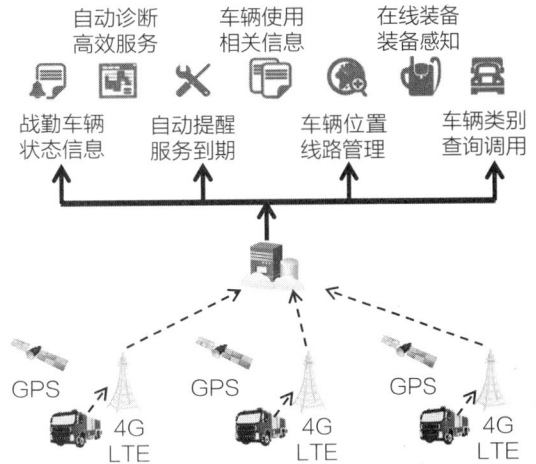

图1-2 消防移动端数据信息共享系统平台

装备上配有的北斗或GPS卫星定位自主导航仪就能显示出报警的地点、路线、用户名称等，调出报警用户的灭火预案资料，接通GSM通话功能和监控中心通话，达到支队、站、消防车三位一体，形成网络。同时，还能为消防车提供到达火警点的最佳行车路线与水源分布情况等（图1-2）。

5. 产品平台功能

通过手机APP功能及时将城市各社会单位消防设备设施故障与火灾现场的设施相关资讯信息传输到消防监管单位、业主、物业管理、施工维保、设施产品生产企业、保险等相关单位，应用区块链技术"不可篡改"的特点，对每次的报警和及时对故障的处理情况都建立法律证据链。同时，让熟悉现场情况的技术人员协助火灾事故现场处置，让事故损失减少到最低。

1.1.4 数字消防的整体架构

如示意图1-3所示，数字消防的整体架构分为五大应用系统、支撑技术和标准规范体系、安全保障体系、运行维护体系等方面内容，其中，应用系统对应消防中对于远程监控、实战指挥、智能预警、事前管理等诸多方面的需求，且不仅于此。当前，各类新兴技术蓬勃而生，由此产生的新需求和对于传统手段的改良创新点非常值得关注，如采用区块链、大数据对于信息资源的新理解，以及基于新型通信网络下对于实时性的突破。同时，关于对应的支撑技术，这里只是列举了少量案例，事实上远不止如此，任何基于城市产业

图 1-3　数字消防的整体架构图

数字化的相关技术皆有用武之地。相应的标准规范、安全保障、运行维护等方面内容，数字消防并未超出其他领域的相应范畴，但也有其特点。

1.1.5　数字消防的基础特征

1. 广泛的透彻感知

数字消防建设的基础就是广泛覆盖的信息感知网络。消防工作涉及百姓日常生活的方方面面，这就要求我们及时全面地掌握信息，需要与城市的各类要素进行所需信息的交流。同时为了满足深度的透彻感知，就需要感知网络能够采集不同属性、不同形态、不同密度的信息。广泛的透彻感知并非意味着全方位的信息采集，而是以满足深度研判的需要为导向，同时应用区块链技术达成共识机制、智能合约，从而提高协同效率，保障数据安全。

2. 全面的互联共享

数字消防不仅要有广泛的透彻感知，还需要现场的信息和系统连接，实现信息的互联互通。根据梅特卡夫定律：网络的有用性（价值）随着用户数量的平方数增加而增加，这就意味着在现有感知的情况下，扩大信息掌握量就需要城市宽带、互联网等多种网络互联互通，最大限度地增加信息的共享互通程度。同时，应用区块链技术分布式去中心化的特性解决相关部门的信息资源保护壁垒，形成统一的资源共享体系，使消防不再成为"信息孤岛"。

3. 集中的智能计算

数字消防需要体量巨大、结构复杂的信息体系，这是决策和控制的基础，但是真正体现出"智慧"定义的是对海量信息进行智能处理的能力。智能处理在广义上可以理解为对初步信息的提炼、增值，例如一起抢险救援事故，一个消防站到达现场，了解和掌握了现场基本情况，而其身后是一个更大的平台，一旦需要，很多救援专家可以进行会诊，这种智能化的处理方式会使得处理效果更加有效。同时，应用区块链、北斗、新型通信网络、云服务为海量信息进行云计算、边缘计算处理难题，提供解决方案。

建设数字消防平台必备技术如图1-4所示。

1.1.6 数字消防的建设尝试

1. 利用二维码技术，实现重点区域管理

将消防设施、重点岗位人员和消防应急预案等重要信息进行编码，社会单位通过识别二维码，生成巡查检查项目，并将核实数据上传服务器，消防部门根据巡查情况实现"户籍化"自动评分，实现对重点单位、重点岗位的有效监管。

2. 利用物联网技术，实现消防控制管理

积极推广先进的物联网技术，利用物联网实行远程可视图像传输，对消防控制室值班人员履行职责情况进行全方位监控。消防监管部门委托区块链科技机构建设可信基础体系，协同运营商开发消防重点单位消控室管理APP软件，社会单位管理人员通过手机中的软件，实现基本情况数据查询、巡查信息上传、消防设施监控等功能。

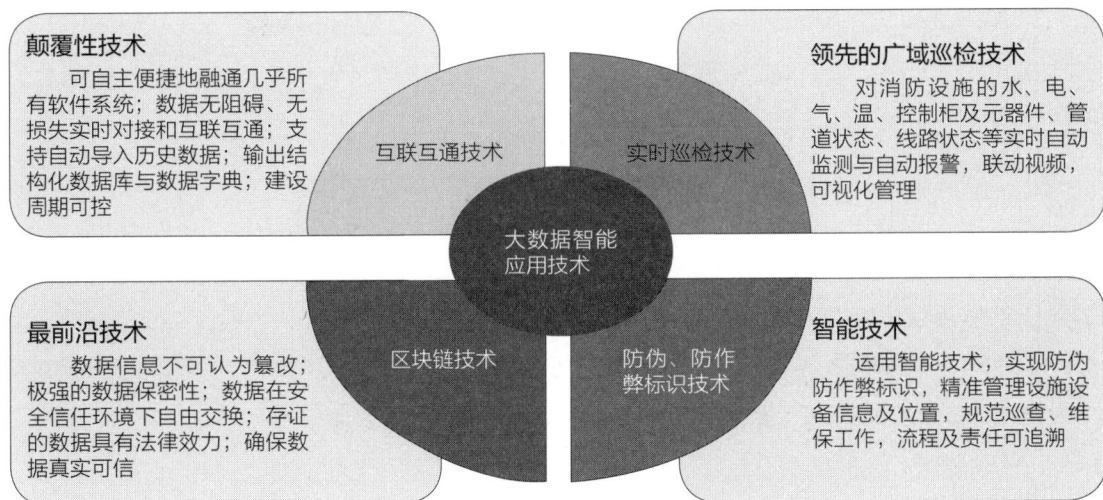

颠覆性技术
可自主便捷地融通几乎所有软件系统；数据无阻碍、无损失实时对接和互联互通；支持自动导入历史数据；输出结构化数据库与数据字典；建设周期可控

领先的广域巡检技术
对消防设施的水、电、气、温、控制柜及元器件、管道状态、线路状态等实时自动监测与自动报警，联动视频，可视化管理

最前沿技术
数据信息不可认为篡改；极强的数据保密性；数据在安全信任环境下自由交换；存证的数据具有法律效力；确保数据真实可信

智能技术
运用智能技术，实现防伪防作弊标识，精准管理设施设备信息及位置，规范巡查、维保工作，流程及责任可追溯

互联互通技术　实时巡检技术　大数据智能应用技术　区块链技术　防伪、防作弊标识技术

图 1-4　数字消防平台关键技术及功能

3. 利用远程监测技术，实现消防设施监控

在设有消防控制中心的单位全面推广基于物联网技术的"城市火灾监控系统"，对建筑消防设施运行状态等信息进行远程检测，实现社会单位消防设施远程监控管理。

1.2
数字消防建设的必要性

1.2.1 数字消防效益分析

政府投资、PPP、特许经营、运营商独立投资建设运营等多种方式都可适用于数字消防的建设。根据相关数据显示，一个市级数字消防项目根据功能规划、项目大小等的不同，投资总额度从几千万到上亿元，项目建设周期基本为1~3年。项目建设是一个持续投入的过程，一般项目一期投资在千万元左右。

机会："数字消防"是智慧城市的一部分，随着"智慧城市"的推进，"数字消防"项目也会越来越多，市场前景广阔。同时，在国家推进建设新型数字基础设施的过程中，数字消防可以在城市产业互联中获得更大的提升，并具有更加广阔的发展前景。

风险：随着"数字消防"市场的方兴未艾，传统消防厂商、智慧城市承建商、国企央企、移动三大运营商、物联网公司等先后进入该市场，市场竞争激烈。"政产学研用资"各方资源汇聚交融，形成竞争的同时，也在加速传统产业改造升级提升，对于创新能力、资源整合能力和数字生态培育的能力都提出了很高的要求。

1.2.2 消防安全管理现状

近年，我国的消防安全管理取得了长足的进步，但也存在许多不足：如，缺少防火监督的指挥平台和预警平台；缺乏有效手段建立实时完整的城市消防基础数据库；消防安全责任人没有及时掌握建筑消防安全现状；没有形成建筑内循环式的消防安全管理模式等。

1.3
消防跨界区块链的新思路

近年来，信息技术飞速发展，城市的信息化建设水平有了飞跃式的发展，逐步形成了数字化智能化发展的建设理念。消防安全作为城市建设的重要组成部分，逐步形成与"智慧城市"理念相匹配的"数字消防"思路，并下发执行了相关文件：

- 中共中央办公厅国务院办公厅印发《关于深化政务公开加强政务服务的意见》
- 《关于促进智慧城市健康发展的指导意见》（发改高技〔2014〕1770号）
- 《关于同意深圳市等80个城市建设信息惠民国家试点城市的通知》（发改高技〔2014〕1274号）
- 《关于积极推进"互联网+"行动的指导意见》（国发〔2015〕40号）
- 公安部沈阳消防研究所提出"数字消防"建设总体框架
- 《关于全面推进"数字消防"建设的指导意见》（公消〔2017〕297号）
- 《消防信息化"十三五"总体规划》（公消〔2017〕10号）
- 《关于推进公安信息化发展若干问题的意见》（公通字〔2017〕7号）
- 《全国安全生产专项整治三年行动计划》（2020年国家应急部发）

1.3.1 新愿景

1. 区块链 +5G 技术

习近平总书记在2019年10月24日中央政治局第十八次集体学习中强调："区块链技术的集成应用在新的技术革新和产业变革中起着重要作用。要把区块链作为核心技术自主创新的重要突破口，明确主攻方向，加大投入力度，着力攻克一批关键核心技术，加快推动区块链技术和产业创新发展。"党中央对区块链技术及其集成应用的前瞻性部署，彰显了区块链技术所蕴含的巨大潜力。

区块链是一种通过去中心化、去信任的方式集体维护一个可靠数据库的综合技术解决方案，它是一个共享数据库，具有"不可伪造""全程留痕""可以追溯""公开透明""集体维护"等特征。

区块链按类型可分为公有链、联盟链和私有链三种。其中联盟链是目前行业应用最广泛的一种，联盟链的各个节点通常有与之对应的实体机构组织，通过授权方式加入与退出网络，构建数字消防生态解决方案，也是采用自主知识产权"可信区块链"技术的联盟链。

2020年，我们迎来5G热潮。2020年全球将有2亿部5G手机和服务系统投入使用，"数字产业"优势将在5G热潮中再一次得到焕发。预计到2035年，5G在全球将创造13.2万亿美元的经济产出，如何利用好5G"数字产业"系统来创建监管服务的规范标准，应用区块链"不可篡改"的特点构建"数字消防生态"，为政府、产业、经济社会发展中标准制定，为社会"存证"征信数据可溯源难题提供解决方案，将是亟待解答的问题。

2. 技术方案——区块链技术

把区块链技术融入数字消防管理系统中，使消防全闭环监管无人为干扰，做到系统的科学与公正，提升系统公信力（图1-5）。

3. 区块链技术——多中心化监管

多中心化监管：每个运算中心都是区块链接点，关键数据第一时间上链，实现消防大数据的防篡处理，从而如实、及时反应各处消防安全状况（图1-6）。

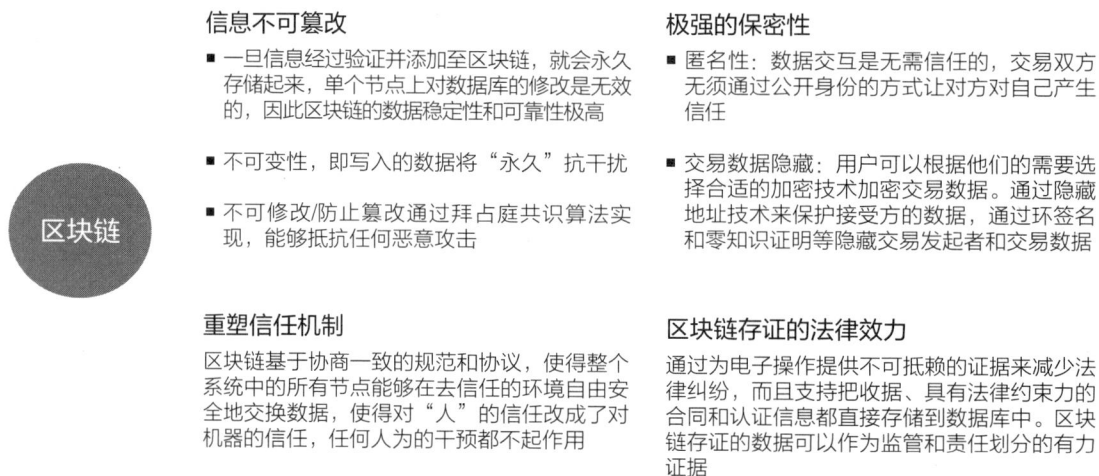

区块链

信息不可篡改
- 一旦信息经过验证并添加至区块链，就会永久存储起来，单个节点上对数据库的修改是无效的，因此区块链的数据稳定性和可靠性极高
- 不可变性，即写入的数据将"永久"抗干扰
- 不可修改/防止篡改通过拜占庭共识算法实现，能够抵抗任何恶意攻击

极强的保密性
- 匿名性：数据交互是无需信任的，交易双方无须通过公开身份的方式让对方对自己产生信任
- 交易数据隐藏：用户可以根据他们的需要选择合适的加密技术加密交易数据。通过隐藏地址技术来保护接受方的数据，通过环签名和零知识证明等隐藏交易发起者和交易数据

重塑信任机制
区块链基于协商一致的规范和协议，使得整个系统中的所有节点能够在去信任的环境自由安全地交换数据，使得对"人"的信任改成了对机器的信任，任何人为的干预都不起作用

区块链存证的法律效力
通过为电子操作提供不可抵赖的证据来减少法律纠纷，而且支持把收据、具有法律约束力的合同和认证信息都直接存储到数据库中。区块链存证的数据可以作为监管和责任划分的有力证据

图 1-5 技术方案——区块链技术

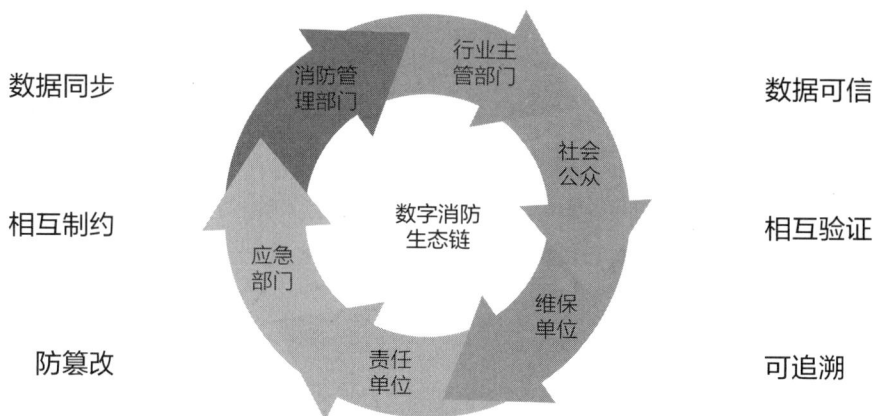

图 1-6 区块链技术——多中心化监管

4. 区块链技术——多中心化响应

多中心化响应：每个运算中心都可以作为应急响应中心，利用智能合约技术确保应急响应流程真实有效不被篡改。运用分布式计算，提高响应效率，第一时间处理危急情况，分算力中心可以是应急部门、消防管理单位、责任单位等主体（图1-7）。

1.3.2　新经济

1. 区块链技术——人工智能大数据分析

人工智能、大数据分析、智能合约赋能各业务场景："一账通"实现了消防大数据的互联互通，结合UEBA、人工智能以及大数据分析技术，对责任单位、维保单位及其他相关主体进行科学客观的信用评审、风险评测以及资质审查，全面赋能保险业务流程以及供应链金融业务流程，赋能各单位安全指数的形成（图1-8）。

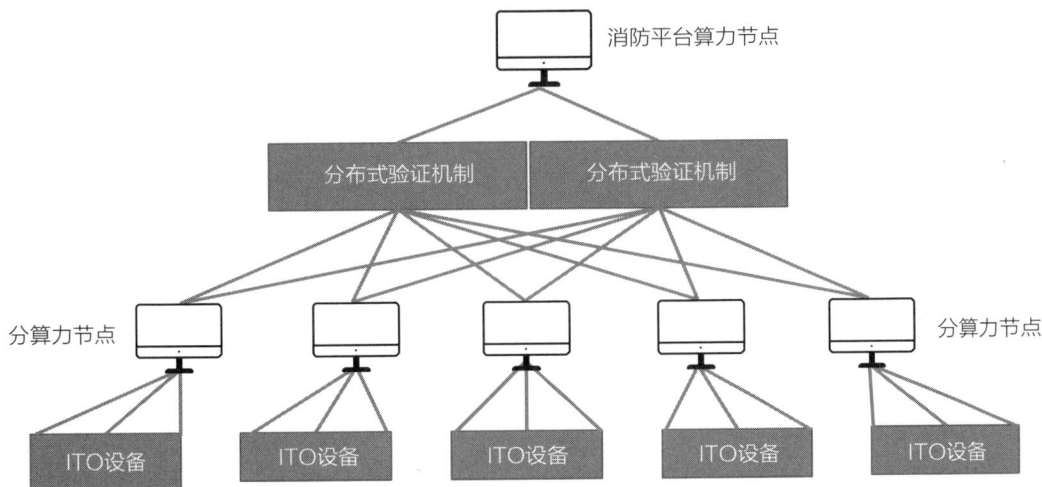

图 1-7　区块链技术——多中心化响应

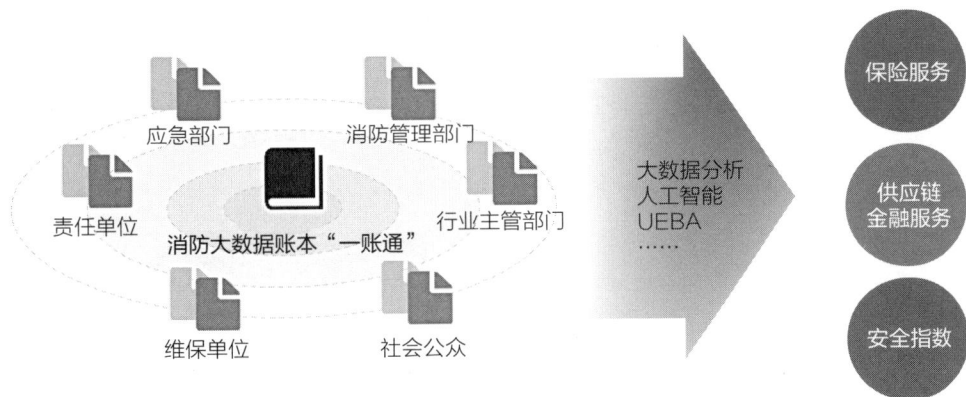

图 1-8　区块链技术——人工智能大数据分析

2. 区块链技术——多场景智能合约

金融增值服务：基于消防平台基础链存证的真实消防大数据，运用供应链金融智能合约、保险服务智能合约、安全指数智能合约，为用户提供相应的资质审查、信用审核、风险评估等服务（图1-9）。

3. 区块链技术——大数据确权交易

消防大数据确权交易增值服务：基于消防平台基础链存证的真实消防大数据，可以严格确认数据的所有权人，并在所有权人授权的情况下，进行可控的有偿使用（图1-10）。

4. 区块链技术——数据确权交易体系

消防大数据交易体系：对于用户完全拥有所有权的消防数据资产，消防平台的区块链网络允许用户进行点对点的交易，并同时接受相关部门的监管（图1-11）。

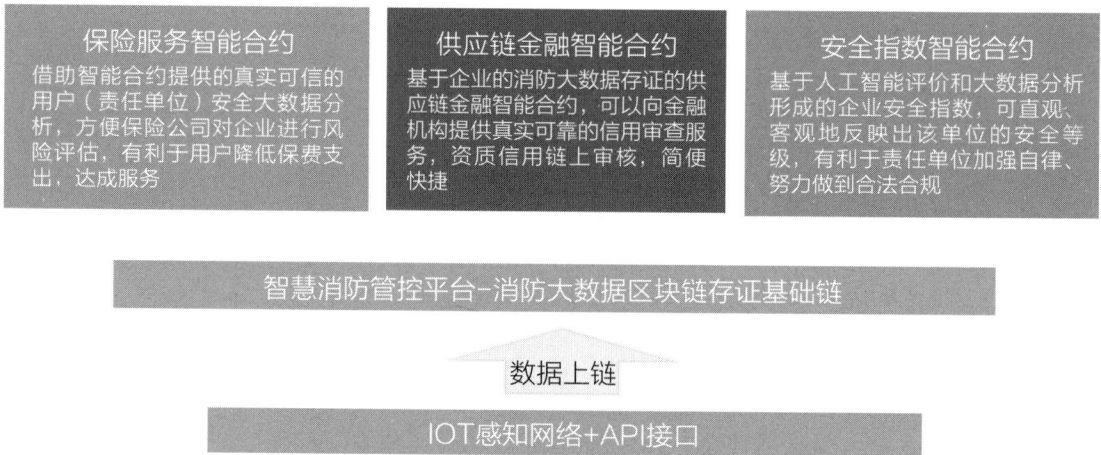

保险服务智能合约
借助智能合约提供的真实可信的用户（责任单位）安全大数据分析，方便保险公司对企业进行风险评估，有利于用户降低保费支出，达成服务

供应链金融智能合约
基于企业的消防大数据存证的供应链金融智能合约，可以向金融机构提供真实可靠的信用审查服务，资质信用链上审核，简便快捷

安全指数智能合约
基于人工智能评价和大数据分析形成的企业安全指数，可直观、客观地反映出该单位的安全等级，有利于责任单位加强自律、努力做到合法合规

智慧消防管控平台-消防大数据区块链存证基础链

数据上链

IOT感知网络+API接口

图 1-9　区块链技术——多场景智能合约

整合消防大数据记录

打破消防数据孤岛，并在消防平台大数据账本"一账通"中管理自己所有的消防记录和消防大数据

访问消防大数据

消防大数据提供者可以访问自己的完整的数据账本，以获得更好的管理和运维成效

分享数据，获得补偿

数据即资产，资产可变现，如果消防大数据的所有权人同意分享一些消防大数据，提供给研究机构或消防相关机构等买家，可以获得相应的报酬

最前沿的隐私和安全性

使用基于区块链技术的消防管理平台，用户可以拥有并完全控制自己的消防大数据，让其进行安全的存储和经授权的交易

图 1-10　区块链技术——大数据确权交易

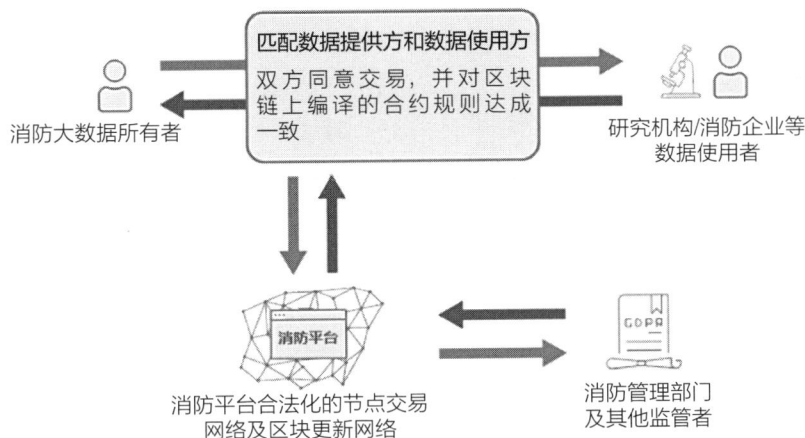

图 1-11　区块链技术——数据确权交易体系

1.3.3　新需求

随着时代快速进步，万物互连的物联网时代将成为第三次信息产业革命。万物互联，极低时延，资源高速公路将取代信息高速公路，资源共享取代信息共享。国际电信联盟专家预测，随着5G时代的到来和发展，全球将有7万亿个无线设备上网。到那时，上网的主体不是人，而是物。预计到2035年5G等产品在全球将创造13.2万亿美元的经济产出。

1．数字消防万物互联的需求

数字消防物联网平台是"数字消防"生态的管理核心部分，数字消防物联网将实现消防产品"云端化"，火灾防控"自动化"，救援指挥"智能化"，执法管理"系统化"。平台建设和服务将产生巨大的市场空间，国家级、省级平台、市级平台、县级平台、乡镇级平台、各行业平台、小区物业终端将实现全方位、全流程、多角度对消防安全设施进行管理（图1-12）。

2．城市化进程的需求

随着我国城镇化水平的不断提升，消防产业将迎来快速发展契机。相关数据显示，到2025年我国城镇化水平将超过60%。城镇化水平的提升带动城市交通运输、机场、车站、城市建筑、商场、医院、城市地下综合管廊和轨道交通等人员密集的场所都要增加大量数字消防设施，城市内的每一个角落都会有消防物联网的终端设备。国家级、省级、市级、区县级、乡镇级物联网平台将互联互通，形成多级、多维消防物联网平台综合管理。

3．能源电力行业的需求

目前全国已投入运行的10kV变电站约24000座，而且每年约有3%~5%新增变电站，变电站的自动化系统和无人值守模式，对智能化消防设施的防护提出了更高的要求，开关柜、电缆层、变压器、电容室将配有大量的消防防护检测设备，势必将提升电力行业消防安全监控和管理水平（图1-13）。

4. 汽车行业新能源的需求

新能源汽车的发展，对消防安全提出了更高的要求。2020年，我国纯电动汽车生产能力预计达500万辆，配套充电基础设施需求也随之增长，需要新增集中式充换电站超过1.2万座，分散式充电桩超过480万个。充电桩的消防安全至关重要，每台充电桩将配有大

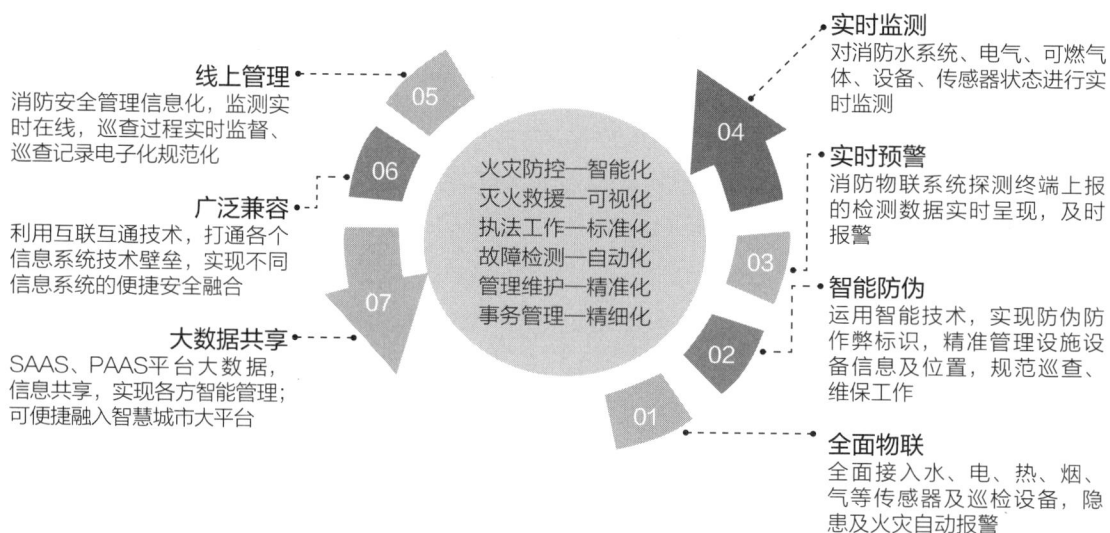

线上管理
消防安全管理信息化，监测实时在线，巡查过程实时监督、巡查记录电子化规范化

广泛兼容
利用互联互通技术，打通各个信息系统技术壁垒，实现不同信息系统的便捷安全融合

大数据共享
SAAS、PAAS平台大数据，信息共享，实现各方智能管理；可便捷融入智慧城市大平台

05 06 07 01 02 03 04

火灾防控—智能化
灭火救援—可视化
执法工作—标准化
故障检测—自动化
管理维护—精准化
事务管理—精细化

实时监测
对消防水系统、电气、可燃气体、设备、传感器状态进行实时监测

实时预警
消防物联系统探测终端上报的检测数据实时呈现，及时报警

智能防伪
运用智能技术，实现防伪防作弊标识，精准管理设施设备信息及位置，规范巡查、维保工作

全面物联
全面接入水、电、热、烟、气等传感器及巡检设备，隐患及火灾自动报警

图 1-12　平台功能特点

开关柜　　变压器　　电缆层

行业物联网云平台

连云变电站消防物联网平台

通过智慧消防物联网与智能变电站的整合，将变电站消防物联网平台作为智能变电站管理系统的一个子系统，通过智慧消防物联网平台能够对平台内的有人值守变电站、无人值守变电站和枢纽中心站的火灾报警系统、灭火系统的状态进行全方位的监视和管理

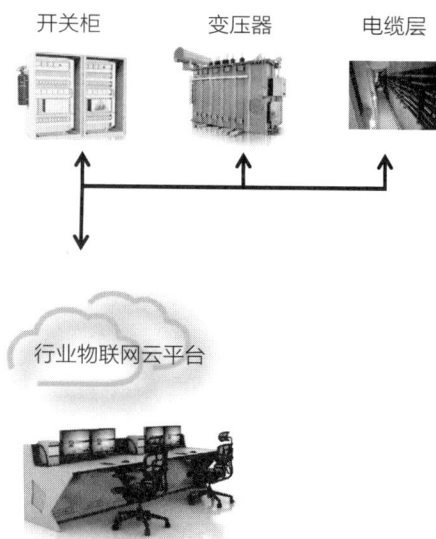

图 1-13　行业级智慧消防物联网平台——连云变电站

量与消防安全相关传感器。新能源车上包括发动机舱、蓄电池舱内，将有几十种消防防护部件成为消防物联网的终端设备。

5. 化工危化品行业的需求

化工危化品行业是火灾、爆炸隐患的重灾区，而且一旦发生火灾，将带来生产设施的重大损失和人员伤亡。2019我国共发生1653起国内危险化学品事故，其中死亡1人以上的事故有181起，共造成500人死亡；火灾爆炸事故718起，占事故总数的43%，造成239人死亡，占死亡总人数的47%；中毒窒息事故303起，占事故总数的18%，造成233人死亡，占死亡总人数的46%。综合人员伤亡、经济损失、社会影响、环境影响等损失无法估量。未来将有大量的烟雾探测器、各种可燃气体压力传感器、可燃气体浓度传感器和视频分析设备，具有边缘计算分析的网关将成为化工行业消防物联网的终端设备。化工危化品行业消防物联网平台将及时发现和处理火灾隐患（图1-14）。

6. 高铁和城市轨道交通的需求

按照"十三五"规划，2020年全国铁路网规模将达到17.4万公里，高速铁路网将达到3.8万公里，在全国87个城市中，规划城市轨道交通线路超过800条，总计里程超过3万多公里。高铁和城市轨道交通设备中将有大量的烟雾、电器、可燃气体探测器，成为消防物联网的终端设备。行业的物联网平台将确保轨道交通安全运行。

7. 家庭消防安全的需求

由于家庭电气原因引发的火灾，占全部火灾的40%左右，近年来呈上升趋势。随着社会公众安全意识的提高，个人家庭对消防安全产品的需求会大大提高，如果每个家庭按

生物质电厂消防物联网平台

通过将同行业/同性质的企业消防数据的集中管理，提高生物质电厂的安全生产水平，消除燃料场各类安全隐患，从消防管理、安防管理、人身安全管理、设备管理、环保管理及综合管理六个方面构筑生物质发电厂的安全管控一体化平台

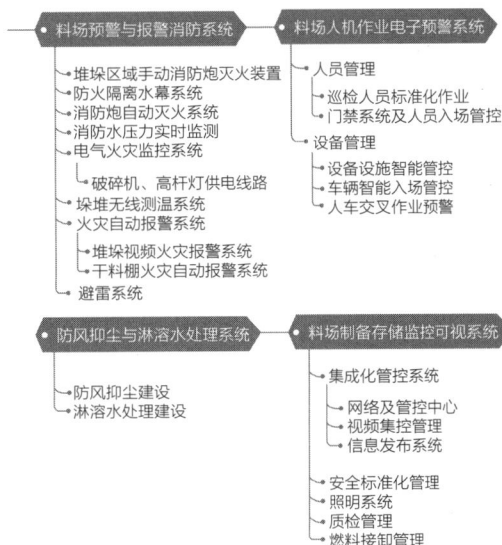

图 1-14 行业级智慧消防物联网平台——国能生物质电厂

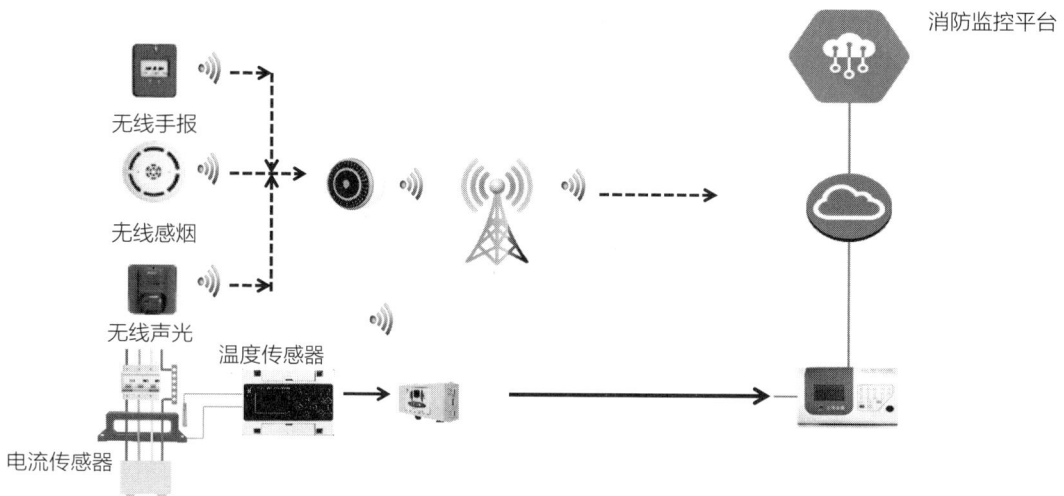

图1-15　家用报警产品和智慧用电系统

3个感烟探测器、1个可燃气体探测器、3个入户电源温度探测器、2个入户电源电流传感器、2个入户电源电压传感器、10个智能电源插座、3路空气开关、2个灭火装置、2个燃气开关传感器。每个家庭接下来将有几十种物联网终端设备。社区消防物联网平台将监视和管理数以万计的物联网终端设备（图1-15）。

1.4

区块链技术发展现状

1.4.1 区块链技术特点优势

1. 区块链技术起源

区块链不是一项新技术，它是一个新的技术组合，P2P动态组网、基于密码学的共享账本、共识机制、智能合约等技术是其核心。

早在1976年，惠特菲尔德·迪菲(Whitfield Diffie)和马丁·赫尔曼(Martin Hellman)两位密码学大师发表了论文《密码学的新方向》，论文覆盖了未来几十年密码学所有新的进展领域，包括非对称加密、椭圆曲线算法、哈希等一些手段，奠定了迄今为止整个密码学的发展方向，也对区块链的技术和比特币的诞生起到决定性作用。

"区块链"最初于2008年11月提出，是为比特币设计的一种特殊的数据库技术。随着时间的推移，人们开始更加关注比特币应用的核心技术，而不是比特币本身。

2. 区块链技术简介

区块链中，区块头和区块体组成了其中的每个区块。区块体只负责记录前一段时间内的所有链上的数据信息；区块头则封装了当前的版本号、前一区块哈希值、时间戳（记录该区块产生的时间，精确到秒）、随机数、当前区块的目标哈希值等信息。区块链是一种按照时间顺序将数据区块以顺序相连的方式组合成的一种链式数据结构，并以密码学方式保证的不可篡改和不可伪造的分布式账本。

区块链技术是利用块链式数据结构来验证与存储数据、利用分布式节点共识算法来生成和更新数据、利用密码学的方式保证数据传输和访问的安全、利用由自动化脚本代码组成的智能合约来编程和操作数据的一种全新的分布式基础架构与计算范式。而智能合约就是一套不需要第三方的情况下还可以保证合同得到执行的计算机编程，并且没有人能够阻止它运行的一个计算机程序。这个计算机程序保证签完合同之后，谁都不能反悔，只要条件达成，这个系统会自动执行合同中约定的条款。

区块结构有两个非常重要的特点。第一，每一个区块上记录的数据是上一个区块形成之后、该区块被创建前发生的所有数据交换活动，该特点保证了数据库的完整性；第二，在绝大多数情况下，一旦新区块完成后被加入区块链的最后，则此区块的数据记录就再也不能被改变或删除。该特点保证了数据库的严谨性和真实性，即无法被篡改。

区块链提供了数据库内每一笔数据的查找功能。区块链上的每一条交易数据，都可以通过"区块链"的结构追本溯源进行验证。"区块+链+时间戳"这是区块链数据库的最大创新点，区块链数据库让全网的记录者在每一个区块中都盖上一个时间戳来记账，表示这个信息是这个时间写入的，形成了一个不可篡改、不可伪造的数据库。

总体来讲，区块链是一个由数据区块通过链式结构组成的具有时序特征的分布式的共享账本系统，具有多中心、开放性、匿名性、信息不可篡改、可溯源等特点。

随着区块链技术的发展，不断涌现出新的问题需要解决，其中多链交互就是其中一个突出的急需解决问题。跨链、侧链、分片、主子链技术架构也应运而生。

跨链技术是实现区块链之间互联互通的技术，早期跨链技术以Interledger Protocal和BTC Relay为代表，更多是关注资产的转移；现有跨链技术以Aion、Kyber、Network、Bletchley、Polkadot、Cosmos为代表，主要着重的是跨链基础设施。跨链是泛指两个或者多个不同链上的资产和状态，通过一个可信机制，互相转移，互相传递，互相交换。目前主流的跨链技术包括公证人机制、中继、哈希锁定和分布式私钥控制四种技术。

分片是将一个区块链拆分成多个子链，每一个子链有独立的账本和共识机制。网络上的交易将被分配到子链中执行。因此，交易可以在多个子链上并行处理，随着子链的增多，区块链处理越来越多的交易将成为可能。这种技术也称为水平扩容。

侧链，是对于某个主链的一个相对概念，英文为sidechains。侧链协议是一种实现双向锚定（Two WayPeg）的协议，通过侧链协议实现资产在主链和其他链之间互相转换，或是以独立的、隔离系统的形式，降低核心区块链上发生交易的次数。利用侧链，我们可以轻松地建立各种智能化的金融合约、股票、期货、衍生品等。

子链指在主链平台派生出来的具有其他功能的区块链。这些子链不能单独存在，必须通过主链提供的基础设施才能运行，并且免费获得主链的全部用户。主子链结构支持多种业务场景。对于子链项目，可根据实际需求选择适宜的共识算法，子链通过跨链节点与主链形成双向锚定，并与其他子链形成跨链交易。

一主多子结构的链网生态在确保最终一致性的基础上，为多应用场景提供了高自由度的扩展支持，多类型的应用场景也增加了其生态的完整性。

3. 区块链发展进程

按照应用范围和发展阶段，可将区块链划分为区块链1.0、2.0、3.0。

（1）区块链1.0

2008年，区块链的概念首次被提出。基于区块链技术设计的比特币应用于2009年面世，建立了一套密码学的账本，提供了一套新的记账方法，与我们传统的记账方式完全不一样，它具备去中心化、不可篡改、不可伪造、可追溯的特点。区块链1.0时代从此开启，主要应用场景是支付、流通，支撑虚拟货币应用，也就是与转账、汇款和数字化支付相关的密码学货币应用。比特币是区块链1.0的典型应用。

（2）区块链2.0

区块链2.0与1.0最大的不同就是在数字货币基础上加入了智能合约，可以在此基础上做其他的应用开发。2013年末，以太坊创始人Vitalik Buterin发布了以太坊初版白皮书，启动了以太坊项目。以太坊的目标是建成一个全球性的大规模的协作网络，让任何人都可以在以太坊上进行运算、开发应用层，这样就赋予了区块链很多的应用场景和功能实现的基础。以太坊的出现被视为区块链2.0时代的到来。区块链2.0支撑智能合约应用，合约是经济和金融领域区块链应用的基础，区块链2.0应用包括股票、债券、期货、贷款、抵押、产权、智能财产和智能合约，以太坊是区块链2.0的典型应用。

（3）区块链3.0

目前区块链已经步入3.0时代。区块链3.0应用是超越货币和金融范围的泛行业去中心化应用，进入社会公证、智能化领域。特别是在政府、医疗、科学、文化和艺术等领域的应用，应用范围扩大到了整个社会，区块链技术有可能成为"万物互联"的一种最底层的协议。区块链3.0能够满足更加复杂的商业逻辑，被称为互联网技术之后的新一代技术创新，足以推动更大的产业改革。

4. 区块链的价值优势

区块链本质上是一种价值传输信任协议，就是传统网络上的一种协议，过去互联网上没有这种协议，因此无法进行价值传输和确权。现在有了区块链协议，与传统互联网相结合，就可以通过互联网传输各种价值和可信的消息以及进行确权、权证转移、消息证伪等。区块链分布式账本，更像是一个独立客观的第三方公证者，记录并见证着各种行为的发生，且独立存在于互联网上，不受任何中心化个人、组织或机构所控制。

区块链解决了传统中心化的信任机制问题，网络中没有单一的中心节点，所有节点都是平等的，通过点对点传输协议达成整体共识。更重要的是，数据安全且难以篡改，每个区块的数据都会通过密码算法保护，并分布式同步到所有节点，确保任一节点停止工作都不影响系统的整体运作。最后，以智能合约方式驱动业务应用，系统由代码组成的智能合约自动运行，无需人工干预。

区块链的价值优势主要体现在以下几个方面：

安全。区块链系统中所有参与节点将共同完成数据的存储、维护，可有效避免中心化数据系统遭到攻击时数据泄露的风险。在数据传输过程中，密码学技术提供了安全保障。此外，新区块的产生，是由全网多数节点达成共识后的结果，任意节点都无法实现数据的完全控制，保证区块信息不可篡改。

确权。区块链的另一个价值体现在数据资产所有权的确认上。数据一经上链，即可通过区块链网络确定与用户间的对应关系，且后续的每一次数据操作都会被准确记录，不可篡改。该特点可对数据资产进行有效保护，防止他人恶意篡改。

信任。区块链系统中，数据账本存于各节点，信息公开透明，为数据可信提供了基础保证。由于采用共识机制，各节点需要按照严格的算法规则更新区块信息，从而达成信息共享、多方决策一致，保障数据记录过程的可信性。整个过程中，无需借助第三方机构即可建立信任网络，完成多节点的可信沟通。

自动化。智能合约是一种可编程化的数字协议，当合约参与方满足触发条件后，合约条款将自动执行。智能合约保障部署在区块链上的合同条款可以自动实现，从而为诸多领域（尤其针对流程复杂烦琐、效率低下的领域）的效率提升、成本控制起到不可忽视的作用。

价值共享。传统中心化系统常涉及较多环节，参与中介多，流程复杂，耗费成本较高。而区块链系统则实现了各参与节点的去中心化连接，且各节点数据资产可进行点对点自由流通，以降低中间成本。此部分节约成本将以收益的形式，根据对区块链网络的贡献程度按照一定规则分配到各节点，在激励其他节点积极参与的同时，实现全网价值的再分配。

5. 区块链的分类

以参与方分类，区块链可以分为公有链、联盟链和私有链。

（1）公有链

公有链通常也称为非许可链，无官方组织及管理机构，无中心服务器，参与的节点按照系统规格自由接入网路、不受控制，节点间基于共识机制开展工作。公有链是真正意义上的完全去中心化的区块链，它通过密码学保证交易不可篡改，同时也利用密码学验证以及经济上的激励，在互为陌生的网络环境中，建立共识，从而形成去中心化的信用机制。

公有链的访问门槛低，任何人都可以访问和接入。公有链中，所有数据默认公开，尽管所有关联的参与者都隐藏了自己的真实身份。公有链的明显缺点是系统的交易速度低下。高度去中心化和低吞吐量是公有链不得不面对的两难境地，例如比特币作为最成熟的公有链，每秒只能处理7笔左右的交易信息。

公有链一般面向大众的电子商务、互联网金融等应用场景，比特币和以太坊就是典型的公有链。

（2）联盟链

联盟链是一种需要注册许可的区块链，这种区块链也称为许可链。联盟链仅限于联盟成员参与，区块链上的读写权限、参与记账权限按联盟规则来制定。整个网络由成员机构共同维护，网络接入一般通过成员机构的网关节点接入，共识过程由预先选好的节点控制。

一般来说，联盟链适合于机构间的交易、结算或清算等B2B场景。例如在银行间进行支付、结算、清算的系统就可以采用联盟链的形式，将各家银行的网关节点作为记账节点，当网络上大多数的节点确认一个区块，该区块记录的交易将得到全网确认。联盟链对交易的确认时间、每秒交易数都比公有链有较大的提升，如Hyperledger Fabric可以处理每秒3000笔以上的交易信息，对安全和性能的要求比公有链高。

联盟链实现了部分去中心化。与公有链不一样，联盟链在某种程度上只属于联盟内部的成员所有，且很容易达成共识，因为毕竟联盟链的节点数是非常有限的。因此，联盟链的可控性较强，只要所有机构中的大部分成员达成共识，即可将区块数据进行更改。联盟链中的数据不会默认公开，数据只限于联盟里的机构及其用户才有权限进行访问。由于其节点不多的原因，达成共识容易，交易速度自然也就快很多。

由40多家银行参与的区块链联盟R3和Linux基金会支持的超级账本项目都属于联盟链架构。目前国内有影响力的区块链联盟有中国分布式总账基础协议联盟、中国区块链研究联盟、金链盟（金融区块链联盟）等。

（3）私有链

私有链一般建立在某个机构或者企业的内部，系统的运作规则根据内部要求进行设定。私有链能提供更安全、隐私保护更强的功能,可以同时防范来自内部和外部对数据的安全攻击,这个在传统的系统是很难做到的。私有链的应用场景,包括企业内部的私有链应用,如数据库管理、审计等,以及在政府行业的应用,比如政府的预算和执行、政府行业的数据统计等。

私有链能够给隐私更好的保障,数据不会公开地被拥有网络连接的任何人获得,其中的读取权限或者对外开放,或者被任意程度地进行了限制。由于节点较少,交易速度非常高。

公有链、联盟链、私有链的特点对比分析:上述分类中,最具实践意义的就是联盟链。相比于私有链的运作空间和效率,联盟链的价值更大;而相比于公有链的完全去中心化不可控问题,联盟链变得更灵活,也更有可操作性。联盟链的这些特点,使得它十分适合于政府部门间的电子政务应用场景,节点通过准入机制得到授权后方可加入,不同节点所拥有的信息查看权限不同,能够实现可控、可监管的政务数据共享,同时有效保护隐私敏感数据。

1.4.2 国内外区块链技术应用现状

近年来全球区块链迎来了爆发式发展,引起了世界许多国家政府和机构的重视,其应用已经从金融行业延伸到供应链、数据共享、征信、产品溯源、电子证据、社会公益、医疗健康等领域,推动着“信息互联网”向“价值互联网”的转变,极可能在全球范围引起一场新的技术革新和产业变革。

1. 国外发达国家积极布局区块链技术研究和应用

作为新技术的摇篮和推动者,美国对于区块链技术持谨慎乐观的态度。2018年3月,美国国会发布了《2018年联合经济报告》,该报告旨在对国家经济状况和未来一年的建议进行评估,报告指出“区块链技术可以作为打击网络犯罪和保护国家经济和基础设施的潜在工具。”2018年初,英国技术发展部门宣布,将大力支持区块链技术发展,投资1900万英镑用于区块链新产品研发。2017年6月,俄罗斯总统普京会见了以太坊创办人维塔利克·布特林(Vitalik Buterin),谈到了区块链技术在俄罗斯联邦中的潜在应用。2019年2月,莫斯科市政府宣布,计划于2019年夏季推出基于区块链的城市IT创新集群。澳大利亚于2019年3月18日公布了国家区块链战略和路线图,联邦政府将提供进一步资助,促进澳大利亚新生的区块链产业成为全球领导者。

2. 跨国巨头企业纷纷布局区块链的技术研发和应用

国外互联网巨头如谷歌、微软、甲骨文、IBM等纷纷布局研究区块链技术,推出了技术解决方案和应用。谷歌宣布了该公司开展的两项独立区块链项目——“防篡改”审计系统以及云操作平台。微软发布了Azure区块链工作平台,为开发人员运用区块链技术提供了新的应用工具。甲骨文在2018年5月推出区块链即服务（BaaS）平台，并在6月份发布区块链APP。美国电信巨头Comcast于2019年推出区块链创新项目Blockgraph，该产品旨在保护个人数据和共享信息。2019年初，谷歌、黑石集团等联合成立了一支规模达到百亿美元的基金，主要投资区块链和金融科技领域的公司。

3. 中国各级政府积极推进区块链技术创新和产业发展

从2016年起，国家及各地方政府纷纷出台了区块链技术和产业发展指导意见和政策。国务院发布的《国务院关于印发"十三五"国家信息化规划的通知》《国务院办公厅关于积极推进供应链创新与应用的指导意见》等均提到研究利用区块链技术。

2018年5月，习近平主席在中国科学院第十九次院士大会、中国工程院第十四次院士大会上指出"以人工智能、量子信息、移动通信、物联网、区块链为代表的新一代信息技术加速突破应用"。人民日报、新华社、解放军报等国家媒体纷纷发文探讨区块链，引发了全民关注热潮。

目前，北京、上海、广东、江苏、浙江、贵州、湖南、山东等全国超过二十多个省市地区发布政策指导信息，开展区块链产业链布局。可见，区块链正成为各个地方政府关注热点和支持重点，区块链的价值已显现并被继续挖掘。

4. 国内外知名高校均加强区块链理论研究和人才培养

2019年，美国开设区块链课程及其相关研究的学校数量大幅上升，包括哈佛、斯坦福、普林斯顿、麻省理工等美国排名前十的大学均已开设区块链相关课程，在共识算法、密码学等区块链关键技术方面投入资源进行研究，处于领先水平。全球对于区块链人才的需求量在2016~2018年经历了爆发式的显著增长。

国内高校加强区块链课程建设与人才培养。截至2018年年底，国内已有10所高校开设了区块链课程，包括清华大学、北京大学、浙江大学、同济大学、武汉大学、中央财经大学、北京邮电大学、西安电子交通大学、上海财经大学和上海交通大学等高校，促进了区块链人才培养。

5. 区块链技术创新研发快速增长

具体表现在区块链专利申请量快速增长，专利竞争已成为区块链竞争的主战场。根据IPRdaily发布的2017年全球区块链企业专利排行榜显示，中国企业占比达49%、美国占比33%，前10名中中国企业占7席，三家"央行系"金融机构的总数达68件、位居世界第一，阿里巴巴申请区块链专利数量达49件。截至2018年8月，国内公司、单位与个人公开专利数量总计达到1001件，远超过2017年全年专利数量860件。从城市格局来看，专利优势集中于一线城市，北京（277件）、深圳（212件）、上海（125件）、杭州（80件）和广州（47件）分列今年区块链专利公开数量前五位，北京、深圳、上海专利数量占全国区块链专利数的61.3%。

　　从申请趋势和布局地域看，自2013年起，截至2018年12月20日，全球已公开区块链专利申请总量达到8996件（合并同族7347件），中国区块链专利申请达到4435件（合并同族4156件），全球占比48%，亚洲占比85%，总量排名全球第一，美国排名第二，全球占比21%。目前看区块链专利数量在迅猛攀升，这种趋势在未来也将持续一定时间。中国区块链专利布局速度正在远超其他国家地区，中国和美国是未来热点区块链市场。

6. 区块链技术应用迎来爆发式发展

　　当前，区块链的研究和应用总体上处于爆发初期，随着区块链技术研究的深入，各级政府和产业界对区块链行业的发展前景均给予了肯定并持乐观态度，政府出台了相关的扶持政策推动区块链产业的发展，产业界也纷纷成立或筹备成立行业联盟，区块链的应用也在众多领域成功落地，区块链技术正逐步展现出其独特的魅力。

　　随着区块链技术的逐步成熟，产业应用的实际效果愈发显现。区块链的应用已从金融领域延伸到实体领域，包括政务数据共享、征信、医疗、教育、电子信息存证、产品溯源、数字资产交易、版权管理和交易、物联网、智能制造、供应链管理等领域。区块链技术开始与实体经济深度融合，形成一批"产业区块链"项目。

　　例如，2018年8月10日，由腾讯主导的第一张区块链发票在深圳国贸旋转餐厅开出，标志着我国的纳税服务正式开启区块链时代；同年8月，阿里旗下的蚂蚁金服宣布，在半个月内，其在杭州、台州、金华三地医院场景下的区块链电子票据已经开出60万张；随后，京东又正式推出了智臻链，并推出了首个企业级专票电子化区块链应用。如今，区块链电子发票的应用触角已经延伸到包括酒店餐饮、金融、电商、零售商超以及轨道交通在内的众多领域。2018年12月4日，国家税务总局广东省税务局发布关于试点应用"税链"区块链电子发票平台开具通用类发票的公告，正式开展运用区块链电子发票平台开具通用类发票的试点工作。2019年3月18日，全国首张轨道交通区块链电子发票在深圳地铁福田站开出，正式宣告深圳市地铁乘车码上线区块链电子发票功能。同时，深圳出租车、机场大巴等交通场景也上线了深圳区块链电子发票功能。

　　其他的区块链应用案例众多，比如：2017年3月阿里巴巴与普华永道合作区块链跨境食品供应链。百度2017年7月发布区块链BaaS项目，2018年上线了百度图腾、超级链XuperChain等区块链应用，2018年6月蚂蚁金服宣布全球首个基于区块链的电子钱包跨境汇款服务在香港上线。华为、京东、联想集团都先后发布了区块链白皮书，打造具备核心技术的区块链底层平台。北京溯安链科技有限公司的溯源服务已经在广西小红薯、阳原杂粮、黑龙江富硒大米生产流通供应链得到了应用，这不仅满足了客户的区块链溯源需求，还提升了产品的附加值。安妮股份基于区块链的版权存证服务，发挥区块链技术在确权、授权与维权过程中的海量、快速、即时特性，逐步实现"创作即确权、使用即授权、发现即维权"，为百万作品提供了确权服务，部分解决了内容创作者的痛点和难点。沃尔玛基于区块链的创新食品供应链协作模式使农场到门店的追溯过程从26小时减少至10秒，并且调阅文件仅需半分钟。

随着技术及产业融合的不断推进，未来将会涌现出更多更广的区块链应用案例，为经济的发展和社会的进步起到不可或缺的作用。

1.4.3 区块链技术的主要应用领域

1. 区块链 + 金融服务

主要包括供应链金融、跨境支付、保险、资产证券化、电子票据、数字资产等方面的应用场景。针对供应链上下游中小企业融资难、融资贵、金融服务机构风控成本高等问题，建设基于区块链的供应链金融服务平台，发展线上应收账款融资等供应链金融模式。针对跨境支付信息传输与处理效率低、成本高、流程复杂等问题，建设基于区块链的跨境支付信息服务平台，实现支付报文的准实时传输与共享，探索区块链技术在跨境汇款、清结算等业务中的创新应用。针对保险业务信息孤岛、风险信息不对称、跨机构协作难等问题，建设基于区块链的保险保单服务平台，发展保险保单存证、保险保单结算、保险数据服务、再保险产业链协同等新服务模式。针对公司上市前股权流通性差、信息不透明、交易不可信等问题，建设基于区块链的股权流通服务平台，探索区块链技术在证券发行、登记与存管、清算与交收、资产证券化等应用。针对电子票据造假、贴现成本与风险较高、资金清算效率低、结算成本高等问题，建设区块链电子票据服务平台，探索区块链技术在数字票据的签发、承兑、贴现和转贴现等业务中的应用。针对积分、卡券等数字资产流通效率低、灵活性不足、交易信任等问题，建设区块链数字资产服务平台，支持区块链技术在积分、卡券等数字资产的发行、流通、交易、管理、结算等开展应用。

2. 区块链 + 电子存证

由于中心化存储的电子数据司法效力不强，导致在多个判例中不被承认其司法有效性。现有各存储平台（包括机房存储、云存储等）利用自身信用或权威，提供电子证据的存证、保全、见证等服务，但受到经济利益的驱使，中心化存储的电子数据存在被篡改、被删除的风险。相较于中心化存储运用区块链技术建立存证联盟，具有数字化加密、中心化分级、防篡改、数据零丢失等优点。利用区块链的不可篡改、各方共同见证等特性，可以有效解决中心化存证的多个痛点和缺陷，化解相应的风险。

3. 区块链 + 数字版权

互联网的快速发展为数字内容传播提供了捷径，大量创意、文字、图片、音视频等内容以数字化形态出现了在互联网上，却也让数字内容侵权变得更为容易，侵权行为隐蔽且较难追责，成了数字内容企业及个人创作者的痛点，更阻碍了市场的快速健康发展。区块链技术的特点优势，能够优化传统的确权、交易与维权方式，迎合互联网市场发展大方向，保障数字内容创造者权益。

4. 区块链 + 民生服务

医疗健康领存在的域用户数据分散，跨机构、跨系统数据难以共享，数据信息敏感，缺乏数据安全保障、隐私保护、数据确权机制等问题一直是实现其数据共享的一大瓶颈，建设基于区块链的医疗健康数据共享平台，推动医疗健康数据的价值流动。针对食品、药品、农产品等商品的供应链信息不透明、数据真实性无法保证等问题，建设基于区块链的商品溯源服务平台，探索区块链技术在溯源数据共享、食品药品监管、商品溯源等方面的应用。

5. 区块链 + 社会管理

根据信用数据共享与协作、降低征信运营成本、数据隐私保护等需求，建设基于区块链的信用信息共享服务系统，整合各方的信用数据，探索信用数据共享、信用评估服务、征信数据流通等服务。针对数据资产流通使用过程中存在的数据隐私侵犯、数据泄露或数据滥用等风险，建立基于区块链的数据共享流通平台，有效支撑数据确权、数据溯源、利益分配、安全隐私等，创新数据共享流通模式。针对公益慈善捐赠、管理、使用过程中的信息透明度低、信息披露成本高等问题，建设基于区块链的慈善公益溯源服务平台，实现公益流程中的相关数据进行上链存储、公开公示，探索区块链技术在定向捐赠、分批捐赠、有条件捐赠场景中的应用。

6. 区块链 + 电子政务

随着电子政务的进一步推进，政务数据不断积累，如何打通不同部门之间的数据对于提升政务管理工作效率显得至关重要。安全与效率是实现电子政务数据共享的一大矛盾点。电子政务是电子化的政府机关的信息服务和信息处理系统，通过计算机通信、互联网等技术对政府进行电子信息化改造，从而提高政务管理工作的效率以及政府部门依法行政的水平。政务服务平台涉及大量人员、企业的敏感信息，且数据交互共享过程复杂，不仅易出现人为失误，还容易遭受黑客攻击导致信息泄露或存在内部人员泄密等情况。出于安全原因考虑，数据共享在现实情况下往往难以推进。区块链技术则为跨级别、跨部门的数据互联互通提供了安全可信任的环境。区块链允许政府部门对访问方和访问数据进行自主授权，对数据调用行为进行记录、出现数据泄露事件时能够准确追责，大幅降低了电子政务数据共享的安全风险，提高执法效率。

除上述主要应用领域外，区块链在消防、物联网、农业、数字身份、教育、文娱、财务等诸多领域有着丰富的应用场景，具体业务模式将得到越来越多的应用。

1.5

数字消防发展趋势

　　"数字消防"就是立足满足火灾防控"自动化"、灭火救援指挥"智能化"、日常执法工作"系统化"、队伍管理"精细化"的实际需求，借助大数据、云计算、物联网、地理信息等新一代信息技术，创新消防管理模式，实施智慧防控、智慧作战、智慧执法、智慧管理。不但实现各级分域自治预警监管、信息同步，还可以各级预警网络信息高效穿透与共享，更具备数字消防生态的数据安全防护，智能告警，防止信息泄露。在当前趋势下，建设基于可信区块链技术为基础的国密标准多层级的预警、监管信息平台，将北斗系统或GPS（全球卫星定位系统）、GIS（地理信息系统）和计算机、网络等高新技术集于一体的智能消防系统，它能够成功解决消防应急救援与电信、建筑、供电、交通、供水等公共设施建设协调发展的系统性问题，改变了过去被动的报警、接警、处警方式，实现了报警自动化、接警智能化、处警预案化、管理网络化、服务专业化、科技现代化，大大减少了中间环节，极大地提高了处警速度，同时节约了大量的资金，真正做到了方便、快捷、安全、可靠，使人民生命、财产的安全以及警员的生命安全得到最大限度的保护。

1.5.1 消防大数据建设（图1-16）

1. 多传感技术的集成应用将成为数字消防信息获取重点

　　在救援现场的消防员状态感知方面，智能穿戴技术装备为消防员生命安全提供了保障。在救援现场定位方面，自主导航与预设信标点的有效结合，消防员在救援现场定位精

数据
汇聚
● 多源数据汇聚
● 统一数据标准

数据
共享
● 消除网络壁垒
● 消除行业壁垒

数据
应用
● 用数据分析研判，用数据预知预警
● 用数据辅助决策，用数据指导实战

图 1-16　数据汇聚，数据共享，数据应用

度得到了进一步的提升。

在救援现场环境监测方面，多合一、分布式现场环境和危险气体监测产品，为战场态势研判和指挥决策提供了数据支撑。

2. 多种网络通信技术的现场融合应用，将为数字消防的数据传输搭建平台

综合利用移动互联网、自组网、宽窄带、数字集群等通信技术，重点解决了不同类型复杂环境下的信号覆盖问题，实现日常条件消防设施动态信息和灾害现场各作战单元动态信息数据的传输畅通。

3. 移动终端和移动 APP 将在数字消防应用中发挥重要作用

移动APP的普及和应用，进一步拓展了消防监管手段，如消防巡检过程记录、火灾隐患举报与排查、消防执法环节轨迹核查等，有效地保证了数据质量。移动APP的应用，将使依托数字消防开展的各类业务应用更加便捷、高效。

4. 云计算技术将为数字消防应用提供高效基础设施支持

针对数字消防产生的海量数据，云计算提供了强大的数据存储、协同处理和集群应用服务处理能力。

社会单位利用基于云端的消防安全管理平台，实现了消防安全信息网上录入、巡查流程网上管理、检查活动网上监督、整改质量网上考评、安全形势网上研判等工作。

5. 服务模式升级（图 1-17）

1.5.2 消防车及装备在5G时代的创新布局

随着5G时代的来临，未来将是DIY式定制化消防车的时代。消防车产品的设计、优化、改造将不再是企业的闭门造车，而是更具个性化，定制化。目前四川森田消防装备制造有限公司已在该方面投入研究并走在领先前列，消防车配置数据简单化，各模块标准化

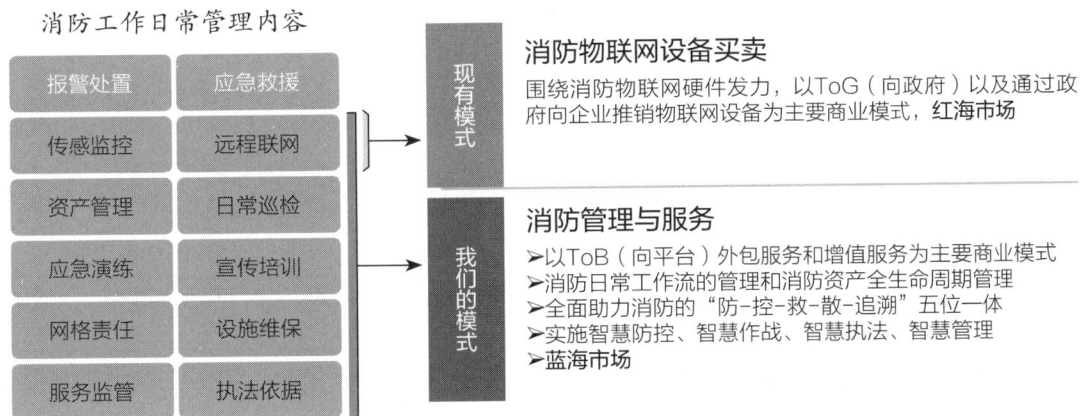

图 1-17　服务模式

升级，便于车辆及时维修、保养及DIY式改装升级。用户可及时通过网站平台DIY组合自己需求的车辆与配置，网上用户俱乐部改装体验吧应运而生。车辆发生故障可自行网上简单选购配件，操作数据图文并茂。车辆维修可通过远程透视线上完成，并结合云计算与大数据分析，为用户提供最佳解决方案建议。

同时，建立数字化消防生态更可能的是企业消防事业文化的进一步延伸，内涵进一步扩展，与应急救援部门及应用单位联动互动，消防救援培训技术期刊及教育产业等与消防产业将紧密融合。

数字化消防在产业各流程的功能主要体现在产品数字化、制造数字化、生产数字化、商务数字化，火灾防控自动化、执法工作规范化、灭火救援指挥智能化、队伍管理精细化等方面。

产品数字化： 依据产业下游应用领域的信息、依据上游区块链、物联网等技术收集的产品信息，未来消防车产品的设计、优化、改造将不再是企业的闭门造车，而是更具个性化、定制化。未来将是DIY式定制化消防车的时代。

制造数字化： 产业中游产品的生产过程自动匹配所需的社会资源，并通过大数据和AI技术等，完成生产资料的自动整合与智能制造，实现快速、低浪费的制造过程。

商务数字化： 未来的数字消防时代，商务的开展更多依托公共大数据的交易平台，供需双方在平台的帮助下实现资源的高效整合，传统的商务和招标逐步弱化，因此掌握新技术的企业更能在数字化时代拿到订单，特别是"90后""00后"管理人员掌控社会资源后，这一现象将会更加明显。

火灾防控自动化、执法工作规范化、灭火救援指挥智能化、队伍管理精细化，是针对应用领域的数字化表现；消防产品的应用将是数据交互与通信交互的结果（表1-1）。

数字化消防产业流程框架   表1-1

产业流程	领域	内容
上游	数据算法提供商、芯片制造商、其他电子元器件	区块链、物联网、云计算、人工智能等
中游	硬件供应商、软件供应商、系统集成商、生产厂商	远程监控系统、实战指挥平台、消防预警系统、安全管理系统等
下游	应用领域	智慧城市等

1.5.3 数字消防标准体系构建的趋势

随着区块链技术、物联网、人工智能、大数据、5G技术的诞生，我们必须把握好整个传统消防行业和新技术的结合应用，不是简单的技术叠加，还要与消防产业深度融合，实现技术赋能。它不是一次技术的革命，而是思想的进步。

　　如果没有政府的观念更新和有力支持，完全靠企业自身积累和投入，是做不起来的。为此，只有在政府的重视和推动下，做好数字消防"新基建"的基础设施，就是将区块链技术放在底层，做底层资产孪生的创新与标准，对接资本市场大格局引入资金，推进资本、市场与技术融合创新，从创新基础设施做起，将区块链往深层次和底层去做创新，将消防产业的痛点抽象出来，面向未来的数字消防，去探索可复制的范式，形成标准与规范，以"一带一路"建设为契机，引领世界各国共享、共建"数字消防生态体系"与规则标准的创新。

1.6
数字消防的未来展望

　　区块链、新型通信网络等技术是数字消防的基础设施。从大的趋势来看，未来的数字消防、应急救援形态将呈现"上云入链"的数字消防新生态，"上云"指的是产业信息的数字化，"入链"则是产业资产的数字化，"上云入链"是大数据、人工智能等先进技术在消防产业深度应用与数字化转型的重要途径。目前，消防工作日益繁重，人员不足、信息匮乏、资源利用率不高等问题成为影响消防工作上一个新台阶的瓶颈，而开展数字消防建设，如消控中心人工智能无人值守系统、构造区域火灾风险评估模型、作战GIS地图系统、消防模拟训练平台等，有助于我们实现智慧服务高效便民的目标。未来，区块链与云计算、大数据等构成的可信信息传递的网络则成为消防产业数字化转型的重要支撑。

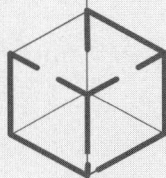

第 **2** 章

数字消防：产品、装备与应用系统

- 数字消防末端技术与产品

- 基于物联网的数字消防技术与产品

- 新兴技术趋势下的产品与装备

2.1
数字消防末端技术与产品

2.1.1 消防应急照明和疏散指示系统

消防应急照明和疏散指示系统作为强制性认证产品，其遵照国家标准《消防应急照明和疏散指示系统》GB17945—2010进行制造，在建筑的设计及验收标准中按照国家标准《消防应急照明和疏散指示系统技术标准》GB51309—2018进行设计、建造。按照GB17945—2010及GB 51309—2018，消防应急照明和疏散指示系统分为集中控制、非集中控制。结合蓄电池的工作方式，细分为集中控制集中电源型、集中控制自带电源型、非集中控制集中电源型及非集中控制自带电源型四类系统。

集中控制集中电源型系统由应急照明控制器、集中应急照明电源、集中控制集中电源型照明灯及标志灯组成，灯内不配带蓄电池；集中控制自带电源型由应急照明控制器、应急照明配电箱、集中控制自带电源型照明灯及标志灯组成，灯内配带蓄电池。两类系统中集中应急照明电源、应急照明配电箱及灯具均配带地址编码及传感器，具备通信联网的基础。

非集中控制集中电源型系统由集中应急照明电源、非集中控制集中电源型照明灯及标志灯组成，灯内不配带蓄电池；非集中控制自带电源型由应急照明配电箱、非集中控制自带电源型照明灯及标志灯组成，灯内配带蓄电池。两类系统中集中应急照明电源、应急照明配电箱及灯具均不配带地址编码，不具备通信联网的基础。

系统均具备季检及年检的计时及自动检验功能，其中集中控制类系统可接收来自消防报警系统的火灾联动信息，强迫点亮消防应急照明灯；且可对火点所在区域分解，当有借用防火分区疏散的工况时，可启动动态疏散指示预案，改变火灾逃生线路。

GB 17945—2010及GB 51309—2018两个标准目前无物联网要求。目前集中控制产品体系虽已具备通信联网的基础，但离物联网级别的消防应急照明和疏散指示系统要求还有不少差距，需要在这个基础上继续升级。

（1）宽窄带融合方案。完善的宽窄带融合方案，可为用户提供稳定可靠的图像、语音和视频传输，使现场的指挥调度"看得见、听得清"。

（2）便携式应急设备。全套便携式应急设备，可解决消防现场快速响应、快速覆盖、随需而通的要求。

（3）充分利用现有网络资源。消防物联网在不干扰现有业务的基础上，逐步采用新一代网络通信、北斗系统等新技术，提高网络运行效率。

2.1.2　火灾自动报警系统

火灾自动报警系统是由触发装置、报警装置、警报装置以及具有其他辅助功能装置组成的，它能在火灾初期，将燃烧产生的烟雾、火焰、热量等物理量，通过火灾探测器变成电信号，传输到火灾报警控制器，同时显示出火灾发生的部位、时间等，使得火情能够被及时发现，并及时采取有效措施，扑灭初期火灾，最大限度地减轻因火灾造成的生命和财产损失，成为人们能够使用的有力工具（图2-1）。

2.1.3　双保险独立式烟感报警通信设备

智慧城市和平安城市的建设，物联网是城市智慧化不可或缺的关键环节。特别是为了推进平安乡村的建设发展，"雪亮工程"首次被写入《中共中央国务院关于实施乡村振兴战略的意见》中。"雪亮工程"是以县、乡、村三级综治中心为指挥平台、以综治信息化为支撑、以网格化管理为基础、以公共安全视频监控联网应用为重点的"群众性治安防控工程"。所以，没有物联网的城市消防是不可想象的，它将是支撑和提供城市消防管理的重要方式。

为解决消防设备中，布线与独立报警的难题，公享消防设备有限公司研发出一系列物联网消防应用设备，一款双保险独立式烟感报警通信设备，该设备在烟感探测器的基础上，应用窄带物联网通信技术，嵌入NB-IOT或ROLA集采芯片，完成无线独立物联网通

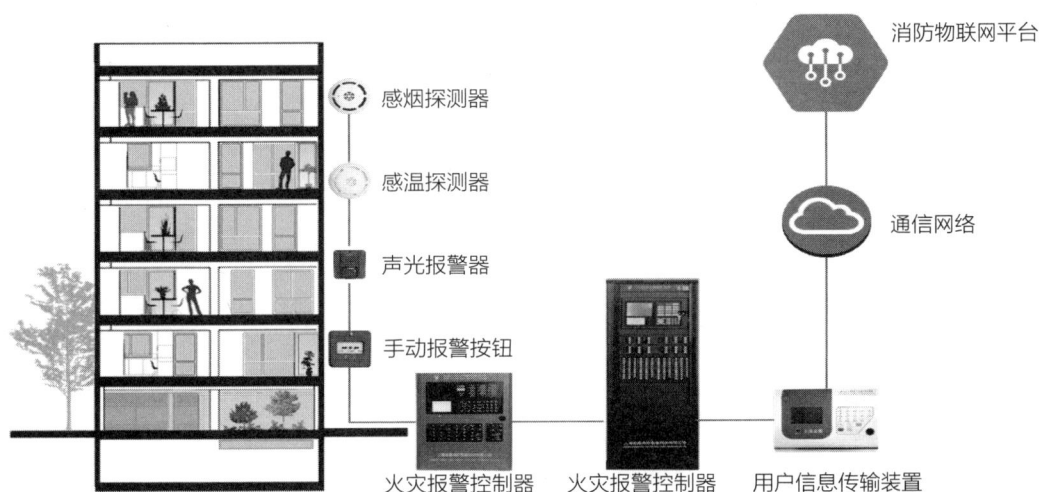

图 2-1　火灾自动报警系统

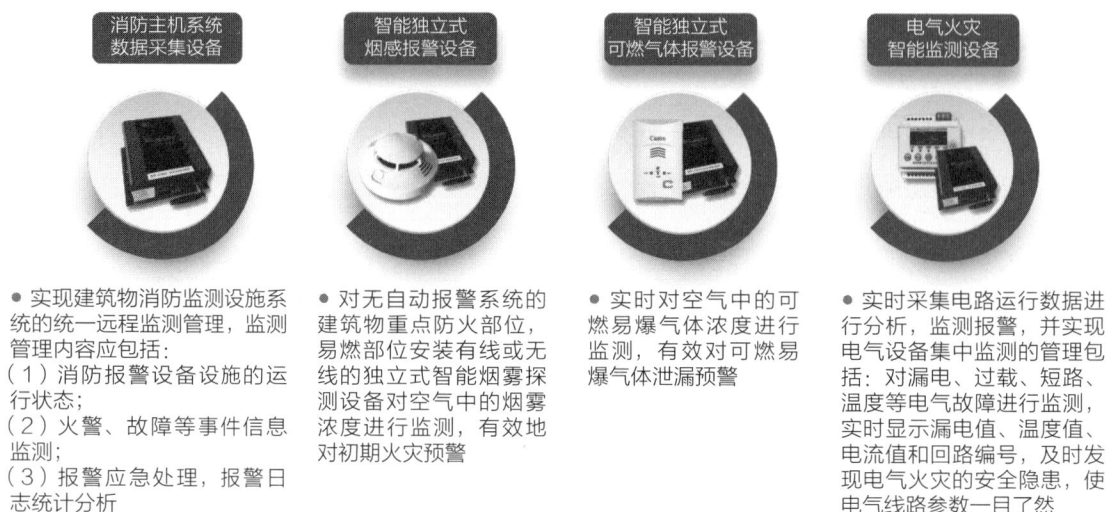

| 消防主机系统数据采集设备 | 智能独立式烟感报警设备 | 智能独立式可燃气体报警设备 | 电气火灾智能监测设备 |

● 实现建筑物消防监测设施系统的统一远程监测管理，监测管理内容应包括：
（1）消防报警设备设施的运行状态；
（2）火警、故障等事件信息监测；
（3）报警应急处理，报警日志统计分析

● 对无自动报警系统的建筑物重点防火部位、易燃部位安装有线或无线的独立式智能烟雾探测设备对空气中的烟雾浓度进行监测，有效地对初期火灾预警

● 实时对空气中的可燃易爆气体浓度进行监测，有效对可燃易爆气体泄漏预警

● 实时采集电路运行数据进行分析，监测报警，并实现电气设备集中监测的管理包括：对漏电、过载、短路、温度等电气故障进行监测，实时显示漏电值、温度值、电流值和回路编号，及时发现电气火灾的安全隐患，使电气线路参数一目了然

图 2-2　双保险独立式烟感报警通信设备

信报警技术，实时监测烟感探头低电、故障、发生火灾时报警监测系统，无需布线，具有成本低、安装方便、减少巡检等特点。加上安装高性能双电池系统，一路电池供应物联网通信实时通报烟感设备是否低电、故障、在线数的实时状态，一路电池供应烟感探测器供电，保证了消防产品平时不用耗电大，以确保用时能够独立供电，完成独立报警的功能（图2-2）。

2.1.4 安全疏散出口监控系统

随着国内建筑业的发展和居民生活水平的提高，防火减灾已经成为维护社会稳定、保障人民生命和财产安全所面临的重大课题。火灾发生时，快速而有效的人员撤离是保护人们安全的重要保障，现实生活中经常发生安全疏散口被物品堵住的现象，故保证安全疏散口的通畅至关重要，在安全疏散口安装监控，实时监测安全疏散口是否通畅是最有效的手段。

2.1.5 独立智能防火门监测通信设备

防火门是各类建筑中常用的可启闭防火分隔构件，但是使用中的一些防火门产品由于管理不善而存在很多安全隐患。如果在消防控制室不能对防火门的工作状态进行有效监控，就无法保障其在发生火灾时能够有效阻止火势蔓延和烟气扩散。鉴于此，使用防火门控制器能够对防火门的开关状态进行监控，对处于非正常状态的防火门发出警示信息，使其恢复正常的工作状态，确保其功能完好。

为有效使用防火门，火灾发生时有效关闭防火门，阻止烟雾蔓延，公享消防设备有限

公司研发出一款独立式智能防火门监测通信设备，该设备应用窄带物联网通信技术，嵌入NB-IOT或ROLA集采芯片，完成无线独立物联网通信上传技术，数据传输更稳定。产品特性如下：

（1）异常状态保护功能：输入输出具有短路断路保护和检测功能。

（2）远程上传数据：应用窄带物联网通信技术，嵌入NB-IOT或ROLA集采芯片，完成无线独立物联网通信上传技术，数据传输更稳定，实现远程实时监控防火门开闭状态。

（3）远程控制关闭状态：防火门监控器接收到消防控制信号后能够及时控制防火门的关闭。

（4）多种状态指示：防火门控制器能够显示多种状态。

（5）声音报警：防火门监控器通过蜂鸣器、指示灯等设备，可以快速诊断和标识故障状态。

（6）自检功能：防火门具有自检功能。

2.1.6　自动跟踪定位射流灭火系统

自动跟踪定位射流灭火系统，其原理是利用数字图像、红外线及其他火灾探测组件对火、温度等的探测，对早期火灾进行自动跟踪定位，并运用自动控制方式从而实现灭火的各种室内外固定射流灭火系统。系统由探测组件、自动控制部分的灭火装置和消防供液部分组成。

2.1.7　自动消防水炮灭火系统

自动消防水炮是基于红紫外（或双波段）复合探测技术，通过单片机内部的算法程序对火焰传感器拾取到，并经过运算放大处理的值进行分析、识别以及步进驱动控制，从而实现自动跟踪定位、喷水灭火及联动报警，该类自动防火水炮是目前国内的主流产品，它的探火定位稳定性较高。

典型应用场所：机场、火车站、汽车站大厅、会展中心、展览馆、大型商场、文化中心、艺术馆、歌剧院、礼堂、体育场馆、高架厂房、物流仓库等。

2.1.8　物联网级的消防应急照明和疏散指示系统技术与产品

1. 案例概述

e-bus/IOT集中控制集中电源型消防（疏散）应急照明-标志灯系统是第三代工业互联网级产品，内含众多的物联网要素，为接入云平台及手机终端而准备的产品系列（图2-3）。

2. 系统组成框架一览及设计技术特点

（一）系统框架图

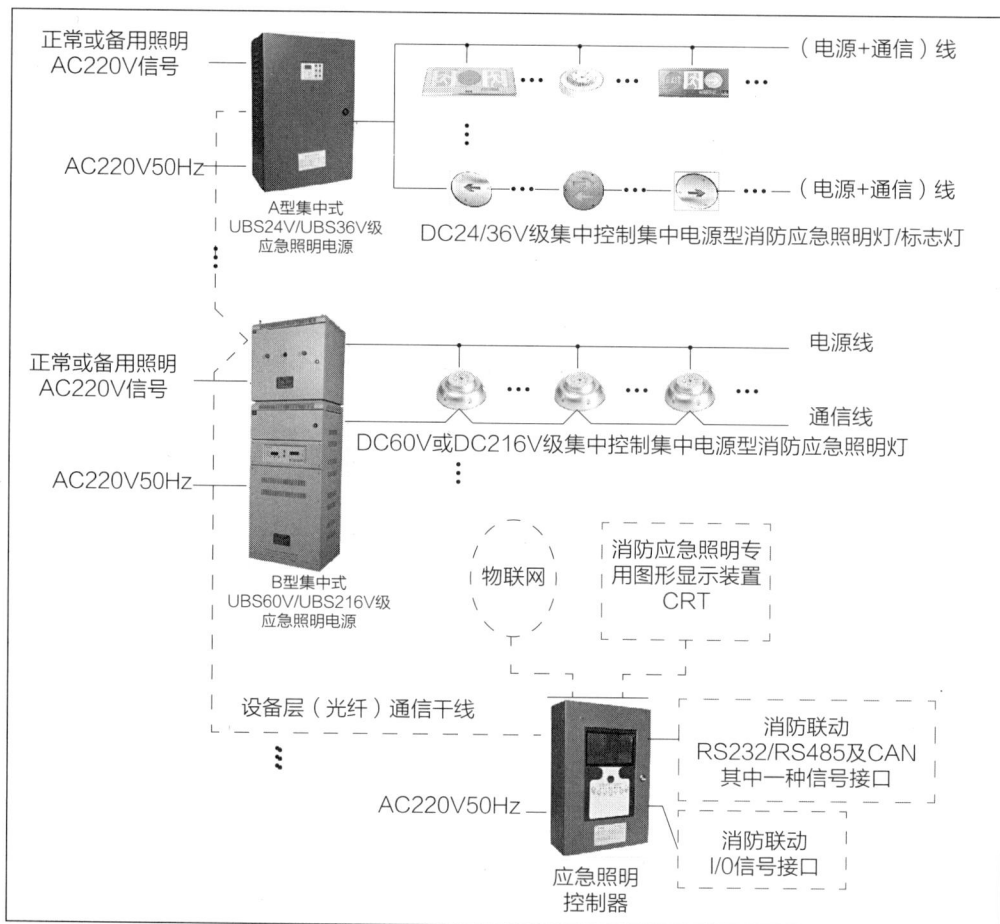

图 2-3　e-bus/IOT 物联网级集中控制集中电源型消防应急照明－标志灯系统示意图

（二）系统组成框架一览

应急照明控制器	单一应急照明控制器（6 英寸显示器）	用于 3200 灯点以下
	带有图形显示器 CRT（17 英寸显示器）单一应急照明控制器	用于 3200 灯点以下带动态疏散指示方案
	积木式监控主站	用于 3200 灯点以上不带或带动态疏散预案
	分布式监控主站	
UBS216V 系列（直流）应急照明电源	（1）机内配接 18 节 12V 蓄电池组；（2）正常输出 AC220V/ 应急输出 DC216V；（3）应急容量：（1.0/1.5/3/5）kW/90min	用于 AC220V/DC216V 集中电源集中控制型消防应急照明灯

续表

UBS24V 系列 （直流） 应急照明电源	（1）机内配接 2 节 12V 蓄电池组； （2）正常 / 应急额定输出电压 2×12V=24V； （3）应急容量（0.12-0.24-0.4-0.6）kVA/90min	用于 DC24/DC36V 系列 集中电源集中控制型 消防应急 照明灯 – 标志灯
UBS36V 系列 （直流） 应急照明电源	（1）机内配接 3 节 12V 蓄电池组； （2）正常 / 应急额定输出电压 3×12V=36V； （3）应急容量（0.16-0.36-0.68-1.0-1.5）kVA/90min	
UBS60V 系列 （直流） 应急照明电源	（1）机内配接 5 节 12V 蓄电池组； （2）正常 / 应急额定输出电压 5×12V=60V； （3）应急容量（0.3-0.6-1.0）kVA/90min	用于 DC60V 系列 集中电源集中控制型 消防应急照明灯
安全电压 DC24/36V 集中控制集中电源型 消防应急标志灯	（1）安全电压 DC24/36V 供电； （2）DC24V 电源 + 通信线二线制； （3）灯具额定功率（0.5-1-1.5）W	大、中、小型及地面型四 个系列
安全电压 DC24/36V 集中控制集中电源型 消防应急照明灯	（1）安全电压 DC24V 供电； （2）DC24V 电源 + 通信线二线制； （3）灯具额定功率（2-3-5-7-9）W	为解决 8m 及以下高度场 所 1.0~10Lx 疏散照度 而设定
DC60V 集中控制集中电源型 消防应急照明灯	（1）AC220V/DC216V 供电； （2）电源线 + 通信线四线制同管敷设； （3）灯具额定功率（9-15-20）W	为解决 8~16m 以上高度 场所 1.0~10Lx 疏散照度 而设定
AC220V/DC216V 集中控制集中电源型 消防应急照明灯	（1）AC220V/DC216V 供电； （2）电源线 + 通信线四线制同管敷设； （3）灯具额定功率（15-20-30）W	为解决 16m 以上高度场 所 1.0~10Lx 疏散照度 而设定

（1）应急照明控制器：划分为四类，分属用于公建及住宅不同类别及规模建筑形式。

（2）应急照明电源：划分为DC24V-DC36V-DC60V及DC216V四级输出电压方式，覆盖0.12kVA~5kVA范围，用于不同类别及功率等级的灯具使用。

（3）消防应急标志灯：DC24/36V通用电压级，设有大、中、小型及地面型四个产品系列。

（4）消防应急照明灯：DC24/36V-DC60V-AC220V/DC216V三个电压级不同功率产品，目标在最安全前提下（DC60V尚属安全电压）经济可靠地分别解决2~8m、8~16m及16m以上高度场所的1.0~10Lx疏散照度。

3. e-bus/IOT 系统

（一）技术特点及功能概述

e-bus/IOT单一系统内的集中（直流）应急照明电源及灯具均配带地址编码及传感器，具备通信联网的基础。

e-bus/IOT工业互联网级的应急照明控制器：

（1）具备网络接口、也通过wi-fi接入云平台；并接受云平台IP地址。

（2）具备linux及win7以上操作系统（两个类别）及对应数据库，与一般控制器采用的单片机软件编程技术的及存储及调用方式有完全不同的区别。

（二）e-bus/IOT系统功能

（1）五级密码设置：查询权、控制权密码、现场设置权、出厂设置权密码及解锁权；

（2）设备灯具注册一览表；

（3）自动动态检测技术：

* Y3-1全系统灯具功能性检测（天检模式）

* Y3-2全系统功能性检测（月检模式）

* Y3-3全系统放电性检测（季检模式）

（4）自动生成的检验报告：

* 全系统功能性检测（天检模式）灯具检验报告

* 全系统功能性检测（月检模式）应急照明电源检验报告

* 全系统放电性检测（季检模式）应急照明电源检验报告

（5）二次编程设置：

* 动态疏散（X2-N）方案技术

* 日常管理程序RN方案技术

（6）手动消防联动：

* 手动-全系统消防联动S-X1（强迫点亮）

* 手动-消防联动S-X2-n（动态疏散）

* 手动-消防联动S-（X2+X1）（动态疏散+全系统强迫点亮）

* 手动-全系统消防联动S-（X3+X1）(强制应急+强迫点亮)

（7）自动消防联动：

* 全系统消防联动（强迫点亮X1）

* 消防联动（动态疏散X2-n）

* 消防联动（动态疏散X2+全系统强迫点亮X1）

* 消防联动（强制应急X3+全系统强迫点亮X1）

消防联动快速响应报告

（8）实时状态

* 设备实时状态

* 灯具实时状态

（9）系统故障当前及历史记录。

（三）e-bus/IOT云平台PC端图形软件

（1）支持win7、win8、win10平台，矢量图模式自由缩放，快速响应显示技术，可以直接载入不同CAD软件的系统图及平面图；

（2）系统图：直接显示（直流）应急照明电源，间接显示系统内灯具状态（图2-4）；

（3）平面图：直接显示灯具状态（图2-5）。

（四）e-bus/IOT的移动端APP软件

类同上述功能及PC端图形软件内容，不展开叙述。

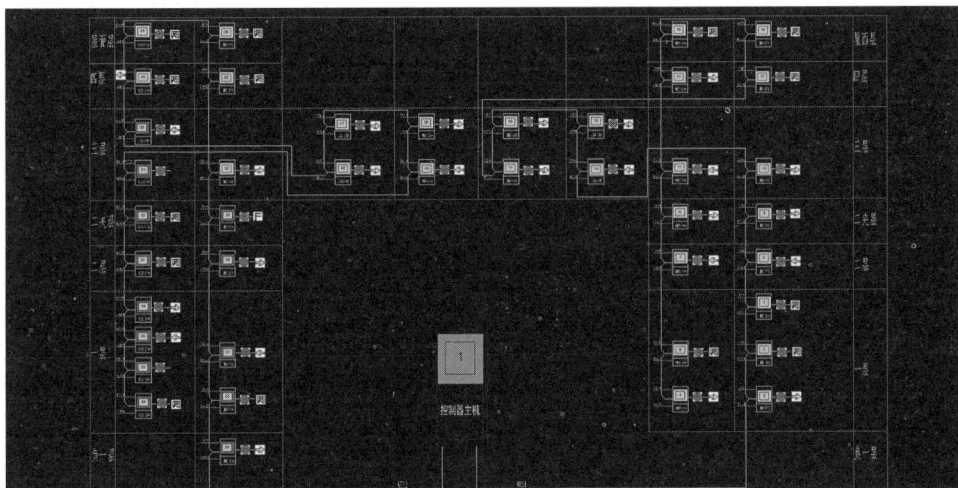

图 2-4　e-bus/IOT 云平台 PC 端图形软件系统图

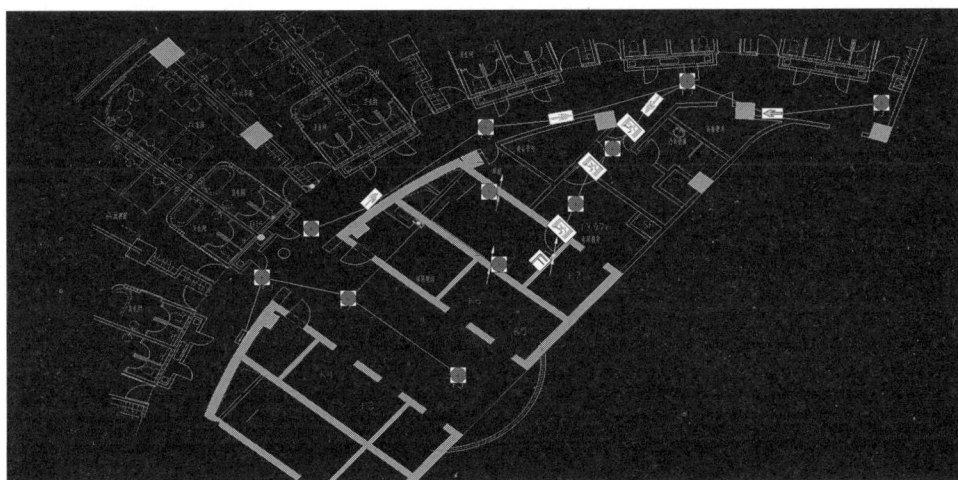

图 2-5　可直接显示灯具状态的平面图

2.2
基于物联网的数字消防技术与产品

2.2.1 数字消防给水设备信息采集及远程监管系统

数字消防给水设备信息采集及远程监管系统，由双电源控制设备、消防控制设备（包含:室内与室外消火栓控制设备、喷淋泵控制设备、稳压泵控制设备、补水泵控制设备、增压泵控制设备)，以及管网、消火栓（室内、室外）各类阀门、末端试水装置等组成。其特点是平时不用，一旦使用，一定能够发挥作用。因此，当长期闲置不用时，极易使消防双电源设备和消防电气控制设备出现各种故障，比如主回路和控制回路的短路、缺相、欠压、三相电压，电流不平衡，消防给水管网无压力（或压力不足）、消火栓无压力（无水）、阀门开闭状态不在正确位置、末端试水装置无水流出、水泵锈蚀、卡死等故障。而数字消防给水设备信息采集及远程监管系统，就是在平时未发生火警时，按照预先设定的时间周期定时启动各消防设备，模拟真实的灭火全过程，在各设备自动运行的过程中，动态检测各设备的运行数据，以判定其是否有故障。在定时周期之外，也实时检测各设备的静态数据，并将检测到的各动态和静态数据实时采集，传送到互联网、物联网，以便相关责任人能随时了解设备的状态和故障信息，及时维护和保养，当火警发生时，各消防设备随时完好可用，扑灭火灾于萌芽状态。

此外，双电源控制设备还具有主备用电源自动切换和停电自动报警功能。数字消防控制设备，其控制电路和消防泵，一用一备，各自独立，可互为备用。当主用电路和水泵发生故障时，备用电路会自动投入启动备用泵；反之亦然，当联动火警信号到达时，正在进行的动态启动检测会瞬间停止，设备即刻进入灭火运行状态。消防给水设备信息采集及远程监管系统，还具有对上述所有状态信息提供数据远传、图像监控、故障报警、信息打印等功能（图2-6~图2-8）。

2.2.2 电气火灾监控设备

电气火灾监控设备是专门针对大、中型电气火灾监控系统而设计的电气火灾监控设备。系统采用嵌入式平台的计算技术，具有CAN总线、RS485总线、以太网等多种通信模式。人机界面友好，操作简单、显示直观。可实时显示受控点剩余电流或温度的动态曲线，分析剩余电流或温度变化的发展趋势，真正做到防患于未然。同时具有功耗低、处理

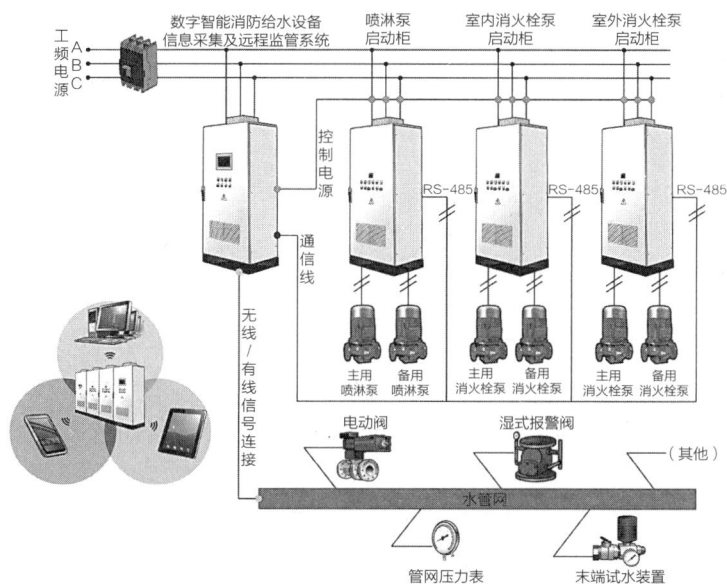

图 2-6　数字消防给水设备信息采集及远程监管系统原理

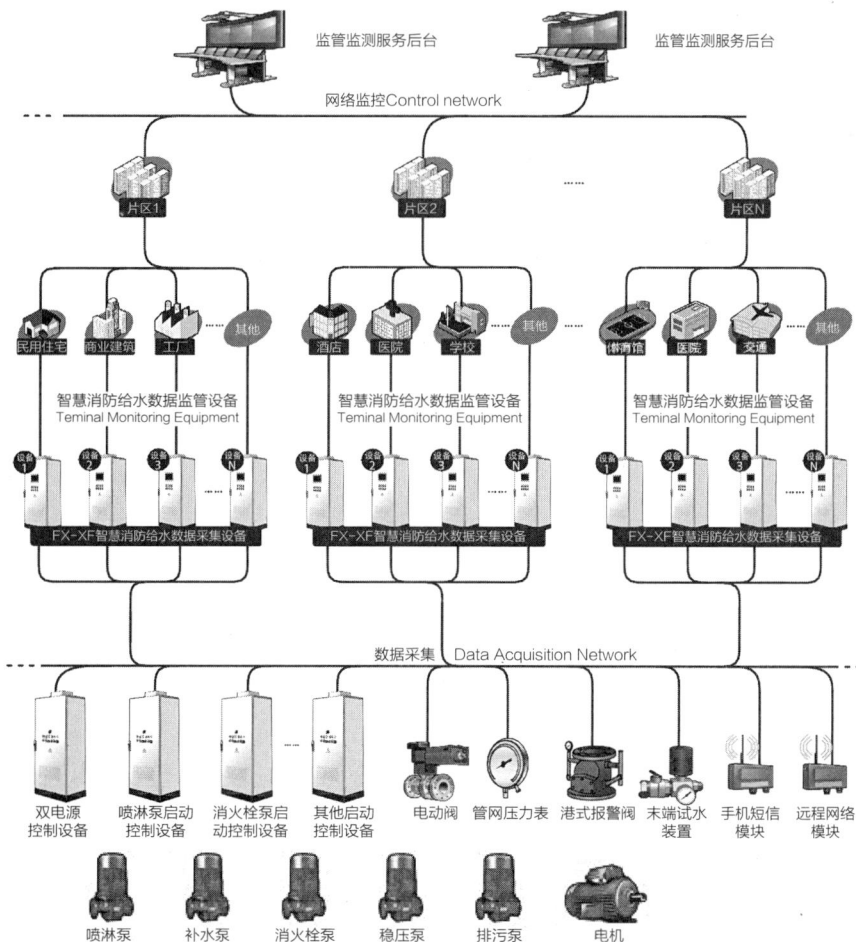

图 2-7　数字消防远程网络监管系统构成示意图

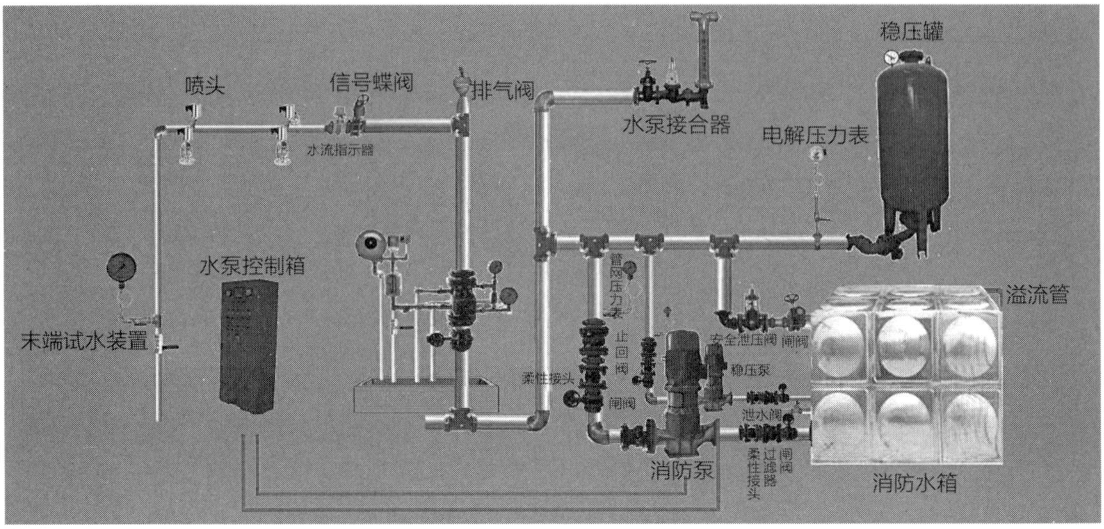

图 2-8　消防给水管网系统检测结构示意

速度快、运行稳定等多种优点。

2.2.3　消防设备电子监控系统

依据国家标准《消防设备电源监控系统》研制开发的数字消防设备电源监控系统，由消防设备电源状态监控器、电源总线、通信总线和其连接的电流信号传感器、电压信号传感器、电流/电压信号传感器、中级模块箱等设备组成，通过传感器对消防设备的主电源和备用电源进行实时检测，从而判断电源设备是否有过压、欠压、过流、断路、短路以及缺相等故障。当故障发生时能快速在监控器上显示并记录故障的部位、类型和时间，并发出声、光报警信号，从而有效保证了火灾发生时消防联动系统的可靠性。

2.2.4　智能监测充电桩通信设备

我国每年因电动自行车燃烧及引发的火灾事件，八成发生在非安全充电过程中，且呈递增趋势。2013~2017年，全国共接报因电动自行车引发的火灾1万余起，较前五年增长33.3%；2013~2017年，全国因电动自行车火灾死亡233人，80%的电动自行车火灾发生在充电时，而电动车火灾致人员伤亡的，90%是因将其置于门厅或过道，管理部门如何有效地管理电动车充电安全问题迫在眉睫。

为解决电动车充电安全问题，公享消防设备有限公司研发了一款智能监测充电桩设备，该设备解决的不仅仅是用户充电的便利，而是自上而下的架构。上层给监管提供数据，中层保证小区安全，下层用户便利，而且整个产品的落地符合国家节能环保的大战略。

产品主要功能介绍：

（1）扫码注册、用户绑定、APP实时监测充电过程，可实时联系主人。

（2）充满自停：电动车充满即自动断电，实现过流、过压、漏电、短路的自动保护。

（3）语音提示：充电语音提示，更加人性化的服务用户。

（4）物联网芯片传输：应用窄带物联网通信技术，嵌入NB-IOT或ROLA集采芯片，完成无线独立物联网通信上传技术，实现毫秒级网络数据传输，云指令快速下发控制，电站运营商使用畅通。

（5）充电异常预警：电站充电异常时实现手机APP预警提醒，运营商管理系统可记录充电日志，查询追责更容易。

（6）多种支行模式：兼有"刷卡+扫码"两种支付模式，不轻易舍弃任何年龄层用户，无需专人看管。

2.2.5 室外消火栓监测数据采集通信设备

室外消火栓监测采集通信设备能够监测城市分布式消火栓水压，确保设备运行良好，当出现故障、水压波动较大时，能够及时通知主管单位进行故障定位和设备维护，大大降低人力巡查成本，同时实现广覆盖监测，加强民众安全保障。数字消火栓监测设备能够实时监测消火栓水压等级，当水压偏离正常范围发出报警提醒，这种基于长距离独立通信技术的消火栓监测系统具有成本低、安装方便、维护简单等优势，该设备应用窄带物联网通信技术，嵌入NB-IOT或ROLA集采芯片，完成无线独立物联网通信报警技术，将数据实时上传到云平台统一的管理平台，管理者通过平台对整个区域内分布的消火栓进行检查，这一过程完全实现了消火栓集中监管（图2-9）。

● 实现建筑物室内、室外消防供水系统的水压、液位等的实时数据监测。系统实时提醒消防给水的有效性，提供数据依据，主要监测水系统应包括：
（1）建筑物室内喷淋装置水压实时数据监测；
（2）建筑物消防水箱、消火栓等供水系统水压实时数据监测

图 2-9　室外消火栓监测采集通信设备

产品特性：

（1）采用低功耗处理器、电池供电、持久耐用。

（2）采集时间和上报时间可配置。

（3）支持室外消火栓开盖、碰撞、倾斜、欠压、过压等异常情况的联网报警。

（4）应用窄带物联网通信技术，嵌入NB-IOT或ROLA集采芯片，完成无线独立物联网通信上传技术，数据传输稳定。

（5）采用法兰式安装模式，安装操作简便。

（6）设备防护等级IP65级。

2.2.6 智能云配电箱通信设备

根据2016年上半年火灾调查38起重大火灾中，住宅火灾死亡和受伤占比82%和72.7%（数据来自消防火灾调查网），94%的火灾发生在三级管理单位（即小微场所），养老院、三合一、室内场所是火灾死亡率最高的场所，每年火灾直接损失最高的是文物古建筑场所，住宅宿舍是发生火灾起数最多的场所，电气火灾是火灾发生的第一大原因。

为降低电气火灾引起火灾事故频频发生，公享消防设备有限公司出品的一款智能云配电箱通信设备，在传统配电箱基础上应用窄带物联网通信技术，嵌入GPRS、NB-IOT、2G或ROLA集采芯片，完成无线独立物联网通信报警实时监测技术，为整个设备电子端提供电源的设备在使用中的短路、过压、过载、漏电的实时状态发送到云平台上，实时监控，如设备出现紧急情况短路、欠压、过载、漏电时，智能云断路器向互联网平台通信，发出报警，断路器跳闸断电锁定，人为手动不能合闸，用户排查故障后通过软件终端清除故障信号后，才可手动控制合闸、分闸，确保了不正当用电时可直接断电，避免引起火灾事故。

云智能配电箱功能：

（1）漏电保护：漏电保护范围30mA，漏电保护动作<100ms。

（2）短路保护：线路短路时，断路器瞬时脱扣。额定分断能力1CM=4000A，1CS=7500A。

（3）过流（过载）保护：1A～所选设备最大电流，瞬时脱扣（用户可自定认），过流保护默认值80A。

（4）过压保护：过压保护范围275～400V，入户电压超过默认值275V时，过压保护动作时间0.1～5s（用户可自定义），过压保护动作时间默认值<0.1s；过压自动恢复时间20～60s（用户可自定义），过压自动恢复默认值20s，过压自动恢复电压253V。

（5）欠压保护：欠压保护范围50～160V，入户电压低于默认值160V时，欠压保护动作时间0.1～5s（用户可自定义），欠压保护动作时间默认值<0.1s；欠压自动恢复时间20～60s（用户可自定义），欠压自动恢复时间默认值20s，欠压自动恢复电压196V。

（6）失压保护：当电路低于额定电压或停电情况下切断电源，保护下游设备。

（7）过温保护：+30℃～+85℃，过温保护默认值+85℃。

（8）限定功率：限定功率保护范围100～17600W(用户可自定义)；限定功率保护动作时间<0.1s；限定功率默认值12000W（有功功率）。

（9）双向控制：可通过软件终端远程控制，也可以手动本地控制通断。

2.2.7 联网用户端设备介绍

1. 消防控制室安装的设备

安装在消防控制室的主要有两样：一是用户信息传输装置，该装置与火灾自动报警系统主机相连接；二是可视频对讲网络摄像头。城市监控中心值班人员可利用该设备与单位的消控室值班员远程对讲通话和查岗。

互联网单位需提供至少20Mbps的网络，不区分运营商，单位应当提前准备好。

2. 消防泵房安装的设备

安装在消防泵房的设备主要有以下三种：

一是压力传感器，安装在消防泵出水管上，实时监测管网的压力；二是水位仪，投放在消防水池内，用以监控水池的水位；三是无线信息采集器，与压力传感器、水位仪相连接，装有物联网卡，能够把管网压力、水池水位数据传到城市监控中心。

2.2.8 平台技术与产品

1. 城市监控中心

城市监控中心设有显示屏、服务器、信息处理终端和相关处理软件，严格执行24小时值班制度和规范的操作规程，能够做到：

一旦发生火灾报警，中心会立刻监测到，值班人员会即时与消控室联系确认；

中心可以通过视频摄像头与消控室值班员视频通话，检查在岗情况；

中心可以实时了解每个单位的消防水池水位、消防管网内压力等情况；

社会单位消控室值班员脱岗、系统有故障、消防水池水量不够及消防管网压力不足等情况，中心会及时通知对方单位消防管理人员；

中心为每个单位建立电子平面图、点位图；

一旦确认发生火灾，中心立刻会向消防部门报警，设在消防指挥中心的终端会提供上述资源和信息。

2.3
新兴技术趋势下的产品与装备

2.3.1 无人机灭火救援装备

灭火无人机应用多传感器探测与融合技术、惯性导航技术、无线通信技术、人工智能技术、5G通信技术、云计算等技术，5G通信把无人机搭载超高清摄像机抓取火灾现场画面传输到指挥中心，并通过云计算实时综合各种信息，为火灾救援提供支持。人工智能技术、多传感器探测与融合技术，惯性导航技术使无人机拥有稳定、可靠飞行完成作战任务，数据链实时传输无人机采集到的各种现场数据，如空气成分、风力大小等信息。

无人机也可以配备高空喊话器、高空照明系统等设备，由于无人机对场地适应能力强，不限定地形、地貌，在与喊话器结合后，地面人员可通过无人机对一定范围内的人员空中喊话，常应用于城市管理、治安维稳、应急救援等方面。

1. 灭火无人机

可以应用于城市高层建筑灭火和森林灭火。当出现高层建筑火情时，无人机可离着火点较远距离展开、起飞，消防员通过地面站实时操控飞机，通过携带的高清摄像机，近距离侦查火情，制定作战方案，无人机通过装备的破窗弹打通灭火通道，并向着火点喷射高速干粉流，在数十秒内完成喷射，使着火区域形成高浓度干粉，从而完成灭火，而灭火无人机通常可以一次飞行携带少则几公斤，多则数十公斤干粉，对于较大着火区域，则需要单架快速换装干粉或多架次同时飞行灭火无人机形成干粉饱和覆盖（图2-10）。

2. 侦查无人机

拥有强大的功能，广泛应用于各行各业，侦查无人机可以装备倾斜摄影相机，高空采集多个不同方向影像，拍出真实3D世界，加装正射相机，则可获取到高空俯视图像，而配备高倍双光变焦云台就能够获取高空高清可见光和红外热成像现场图像，配备气体检测仪则可实时分析救援区域上空气体成分，因此侦查无人机通常应用于应急救援、抢险复杂场景，为现场应急救援决策、指挥提供重要信息（图2-11）。

3. 多旋翼无人机

在普通多旋翼无人机上外挂机载电源模块和超轻型光电复合缆，连接地面电源设备，代替原来的机载电池。系统主要组成包括多旋翼飞行器、任务载荷（含天线）、机载电源、超轻型复合缆、缆收放机构以及地面电源设备等，系留照明无人机是系留无

图 2-10　灭火无人机

图 2-11　侦查无人机

人机较为常用的一种，这种无人机有展开时间短、提供照明能力强、持续时间长等特点，可为火灾救援、应急抢险等提供可靠照明（图2-12）。

2.3.2　水上消防智能机器人

水上消防智能机器人是集成最新的复合材料技术、水下动力推进技术、自主导航、自动控制技术于一体的新一代水上无人船产品。该平台可以根据任务的需求搭载不同的设备，比如侧扫声呐、声学多普勒流速剖面仪、单（多）波束测深仪、多参数水质分析仪等，具有机动灵活地实现大范围水域的自动测绘、水样水质采样监测、水域水体自动巡测、污染源调查与追踪等功能（图2-13）。

图 2-12　系留照明无人机

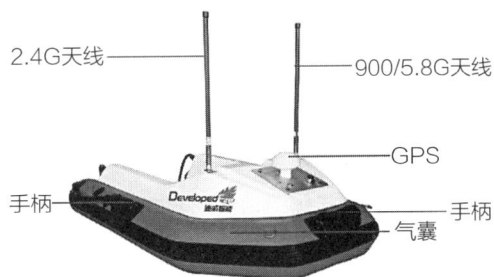

图 2-13　水上消防智能机器人整体视图

（1）接收智能遥控器的手动指令并执行，支持通过遥控器完成全部的航行控制和工作任务；

（2）无遥控下根据北斗或GPS定位，自主导航行驶。支持多路线原路返航功能，并能显示总航程与剩余航程；

（3）接收并执行地面基站的任务指令，同时完成测流、测绘、定位、无人船工作状态等航行控制和野外作业任务。通过数据信息的采集与传输，将无人船的数据信息发送回地面控制基站；

（4）出现异常情况可以自动报警；

（5）支持无舵机转向功能和"倒车"航行技术（图2-14）。

水下机器人作为观测及作业型机器人，能够对水下区域进行巡检，利用搭载的声呐和

图 2-14　系统组成介绍

图 2-15　水下机器人

摄像机，搜寻沉水物品，具有水下危险场所探查、捕获水下目标物等功能。机器人具有可扩展性，可以搭载多重任务配件，如可拆卸2轴垂直机械手、鹰式对合机械手、水下成像声纳、水下基线及水下履带等（图2-15）。

2.3.3 纳米等新材料装备

纳米新材料灭火中间体，是通过一种高分子聚合物的包封技术，把之前难以储存和使用的液体、气体的灭火剂包覆和转化为稳定、易用的固态粉体颗粒，且在特定的温度下，高聚物外膜自动感应并释放内载灭火剂，可在公共交通电子部分、高档家电、新能源汽车、电池、军工、数据中心等智能无人环境下进行初期灭火。

特点：安全不导电，灭火后不残留、不损害、不破坏又环保的灭火新材料。

2.3.4 "森林防火"超远程初期烟火探测系统

超远程森林防火超前预警系统产品依托人工智能（AI）、边缘计算、显微分析、大数据等新兴技术，通过人工智能+边缘计算在网络"云"、智能手机等设备上处理数据，根据从大数据中采集的信息，（AI）赋予机器执行各种类人程序，实际应用中可部署于消防重点单位（如森林防火）、消防技术服务机构、应急和消防安全管理机构等，按需提供从用户级到专业级、专家级的不同业务支持。将安全管理下沉至各单位内部，并切实提升消防服务水平（图2-16）。

2.3.5 电气火灾超前预警系列产品

人工智能与边缘计算赋能的电气火灾超前预警产品，依托人工智能（AI）、边缘计算、显微分析、大数据等新兴技术的融合，可以客观、精准地为消防安全风险点和隐患区位提供实时的动态数据采集和超前的结合研判，将安全事件的发现时间从事后几分钟，提升到事前几天甚至几个星期，让各级管理者有更加充足的时间治理安全隐患（图2-17）。

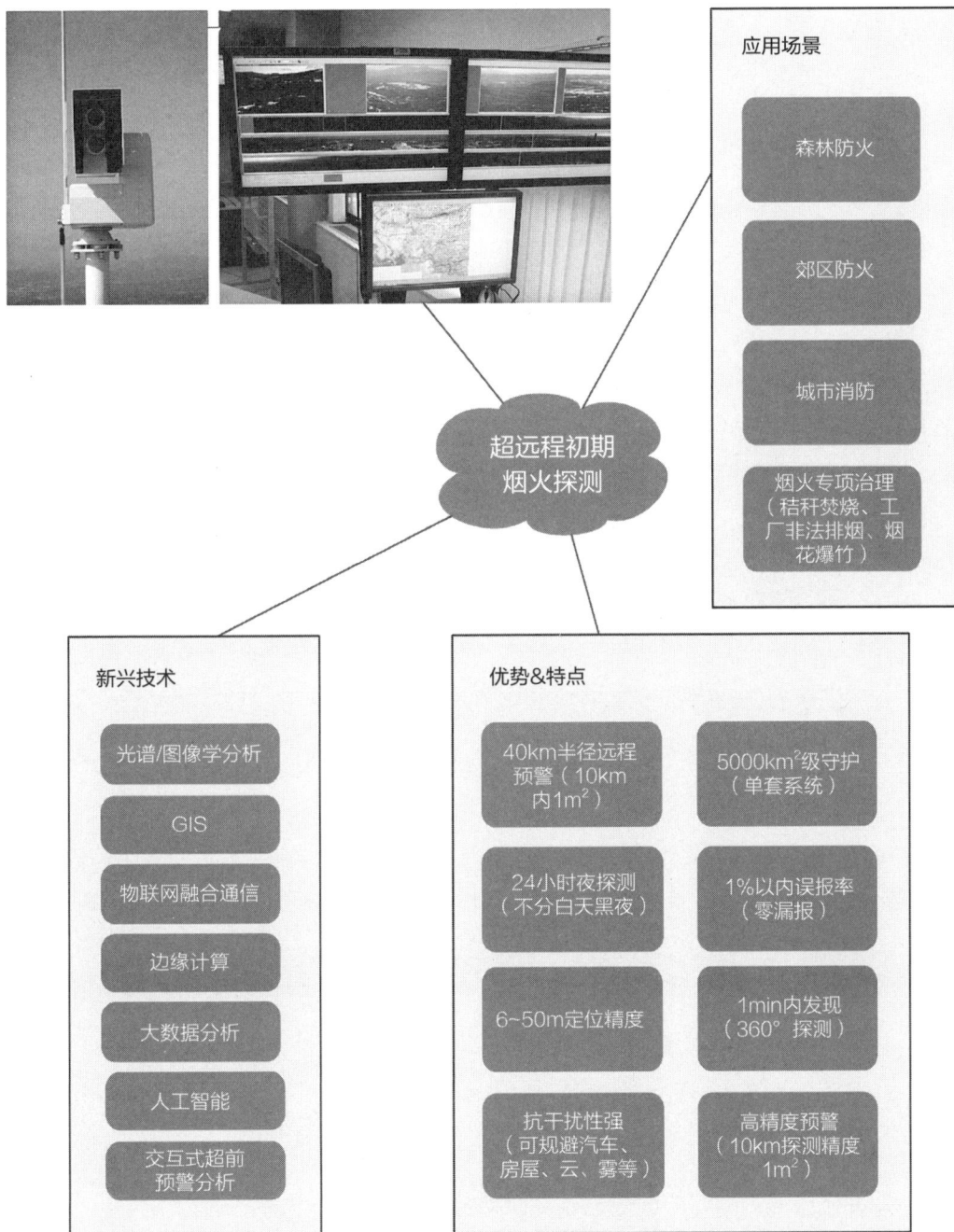

图 2-16　"森林防火"超远程初期烟火探测预警系统

产品特点：

（1）用经验优化数据；

（2）用数据预知预警；

（3）使用周期、隐患周期、灾害周期全周期守护；

（4）隐患位置、类型自动识别；

（5）超前预置隐患处理时间点；

（6）数据辅助专家经验循环自主优化；

（7）精准定位专业分析，减少非专业性人员的主观臆断。

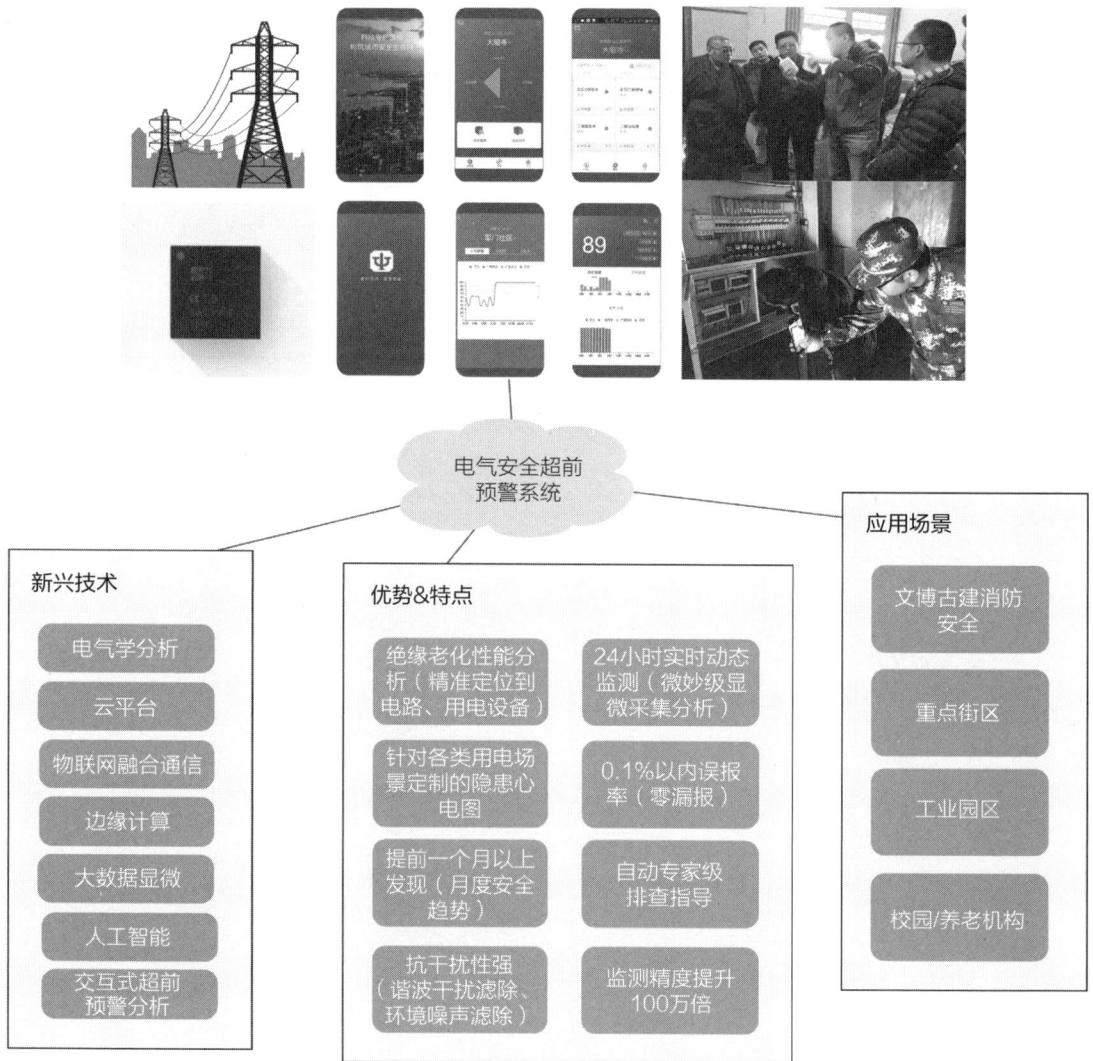

图 2-17　"电气火灾"电气安全超前预警系统

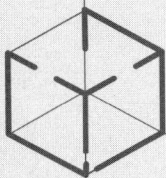

第3章

区块链与数字消防

- 区块链发展研判

- 区块链赋能数字消防

- 数字消防区块链基础套件

3.1
区块链发展研判

3.1.1 区块链应用背景

在中共中央政治局2019年10月24日就区块链技术发展现状和趋势进行的第十八次集体学习中，习近平总书记强调"区块链技术的集成应用在新的技术革新和产业变革中起着重要作用。"他指出："区块链技术应用已延伸到数字金融、物联网、智能制造、供应链管理、数字资产交易等多个领域。要推动协同攻关，加快推进核心技术突破，为区块链应用发展提供安全可控的技术支撑。"

区块链"不可篡改"的特点，为经济社会发展中的"存证"难题提供了解决方案，为完善社会征信体系提供全新思路；区块链"分布式"的特点，可以打通部门间的"数据壁垒"，实现信息和数据的共享；区块链形成"共识机制"，能够解决信息不对称问题，真正实现从"信息互联网"到"信任物联网"的转变；区块链通过"智能合约"，能够实现多个主体之间的协作信任，从而大大提升了复杂业务场景下相互合作的能力。总体而言，区块链通过创造信任来创造价值，它能保证所有信息数字化并实时共享，从而提高协同效率、降低沟通成本，使得离散程度高、管理链条长、涉及环节多的多方主体仍能有效合作。

3.1.2 区块链发展隐患

1. 技术标准的不统一

广泛需求之下存在各自为战，缺乏整体规划的隐忧，当前不同的区块链项目在技术指标与性能方面参差不齐，尚无统一的行业标准来让各方兼容互通，这将导致应用了这些技术的企业组织带来后续升级迭代以及彼此交互方面的困难。

2. 管控手段的缺失

区块链去中心化及分布式加密存储的技术特点，叠加跨部门以及行业壁垒的存在，让传统的数据安全管控手段无所适从，有着失去管控的风险。如何实现区块链运行状态可管可控，以及数据信息的可查可追溯为之首先要解决的问题。

3. 数据交互难以达成

跨业务部门以及产业链条的数据互联互通是区块链建设的初衷，现实却面临不同链条之间由于技术标准或交互方式的不同导致数据难以共享；同时由于跨部门跨行业的数据隐私门槛，导致"分布有余"壁垒仍在的局面，让本意促进数据交互利用的初衷变为泡影。

4. 重复建设效率低下

不同标准与性能的区块链应用，要满足高安全与效率的要求，必然导致建设软硬件成本的重复浪费与运行效率的难以提升，无法有效利用区块链技术盘活数据促进交流，难以实现信息互联网到信任互联网的转变。

鉴于此，可信基础链平台为面向企业及产业集群提供的可管控高效区块链底层建设平台，以自主可信区块链技术为依托（-1层区块链技术），面向大型企业或组织提供"可信公有区块链基础设施"建设。同时可提供企业区块链平台建设、原有区块链平台接入、区块链节点安全验证服务、企业关键数据上链存证服务、高价值数据交易等服务。

基础链可为用户提供满足多行业场景、符合企业个性化定制的、安全的、易用的主链服务，结合所需业务场景，便捷部署企业个性化基础链，构建企业独有的智能合约商业生态。

3.1.3 可信基础链平台优势

1. 远程证实的节点可信计算

采用TEE可信计算的思路建立可信任的共识终端平台，之后通过远程证明建立平台间的信任，最后将信任延伸到整个共识网络。远程证明是一个综合完整性校验和身份认证的过程，向验证者提供了一份可信的平台状态报告。

2. 基于可信的网络异构共识

利用信任的可传递性，借助Gossip可信协议在使用不同TEE技术架构的共识节点之间，实现了可信赖关系图网络。异构共识图算法（HCGraph），充分结合小世界网络的图计算技术等，进一步构造出全局节点的"同谋违约"模型，实现了对极难"撒谎"节点的高效准确定位，并冷却、移除不可信节点。

3. 基于可信超级节点的共识

根据异构共识重新计算所有节点的可信状态，并根据结果对所有节点进行排名，形成"天榜"。在这份榜单中，排名越靠前的节点越可信，但其撒谎的代价也越高。基于可信层提供的共识超级节点集合，运行优化的BFT类共识算法，共识效率上得到极大提高。

4. 可插拔的共识框架

相同类型共识算法的工作流程相近，是具备互换的可能性的。为了实现算法间的互换还需要借鉴传统中心化系统里SOA或Micro service的设计思想：业务与数据无关。以此为依据进行设计，将共识算法可插拔架构设计为三层。顶层主系统其主要是区块链的主要业务相关功能，比如智能合约、虚拟机等，第二层是共识算法框架单元，第三层是共识算法的可组合有机组合功能模块。

5. 统一数据访问接口

提供抽象定制的API网关，统一了数据访问接口，封装了系统内部架构，实现身份验证、监控、负载均衡、缓存、请求分片与管理、静态响应处理等。该网关层对外部和内部进行了隔离，保障了后台服务的安全性；对外访问控制由网络层面转换成了运维层面，减少变更的流程和错误成本；减少客户端与服务的耦合，服务可以独立发展。通过网关层来做映射；通过网关层聚合，减少外部访问的频次，提升访问效率；节约后端服务开发成本，减少上线风险。

综合以上，可信基础链可以实现低成本快速搭建区块链基础设施，高安全数据防护以及高兼容等特性，做到状态可查证、信息可监管、事件可追溯、安全可控，构建区域协调可管控、高兼容、可扩展、可追溯、高并发、低成本的综合区块链平台（图3-1）。

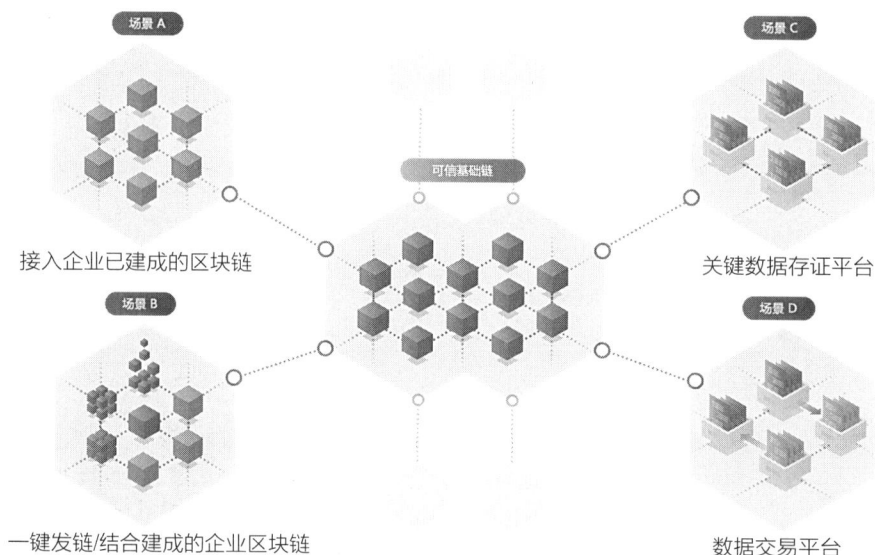

图 3-1　可信基础链结构示意图

3.1.4 核心服务

1. 建设可信区块链底层兼容基础

以可信区块链技术为基础（-1层区块链Underground Layer），独有的异构共识图算法检测以及汇总区块链安全运营状态及软硬件环境信息。基于这一依赖关系建设的底层区块链平台，具有极高的共识效率；兼容现有区块链技术方案如Hyperledger Fabric、

BigchainDB等，具备广泛的适用基础。

　　该平台可以做到运营状态可监控，可以有效查证平台自身各参与节点的安全性、节点运行状态的稳定性、信赖度等。同时可对新接入的其他技术标准的区块链提供可信安全验证接入服务，实现兼容运行的同时，提升外来链的安全属性与工作效率。运营历史可追溯，可有效查证运营过程中累积的各种信息与问题。在"负一层"链下链基础之上，可以实现低成本快速搭建区块链基础设施，高安全数据防护以及高兼容等特性，做到状态可查证、信息可监管、事件可追溯、安全可控，构建区域协调可管控、可追溯、可扩展、高兼容的综合区块链平台（图3-2）。

2. 建设企业区块链数据服务系统

　　从企业和组织自身安全需求出发，提供企业级区块链平台的建设以及基于区块链的DSaaS服务。并以持续安全免疫技术为基础，保障企业核心数据与关键服务的安全可信。整合区块链安全存证确保数据及信息不可篡改、可追溯。可结合大数据交互、物联网、工业互联网等领域，拓展潜力。以技术打通上下游信息流通，促进产业链以及供应链，赋能产业升级。构建涵盖产业数据服务系统（ERP）、核心数据审计系统（Auditing）、数据安全服务系统（Security）等的区块链一体化信息平台（图3-3）。

3. 提供数据安全存证服务系统

　　现有数据安全防护体系主要依托黑名单机制，通过对过往威胁的一一记录与尽量更新，保障企业自身数据库系统的安全，但对于0Day等类型漏洞仍然毫无抵抗能力；与此同时，企业内部员工的恶意或误操作，也会给数据安全带来极大挑战。

　　将可信防护技术以操作系统层面介入，并结合区块链难于篡改等特性，让企业数据安

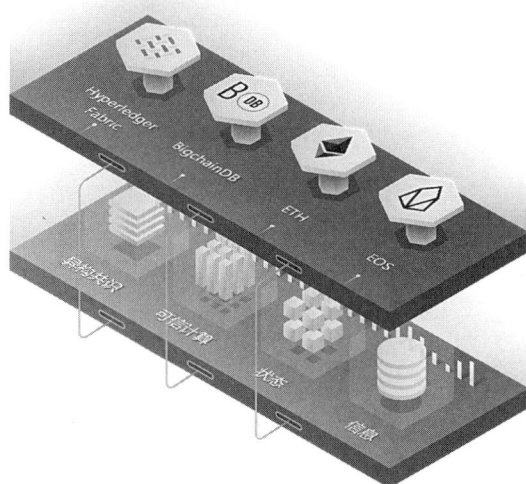

图 3-2　可管控区块链基础平台

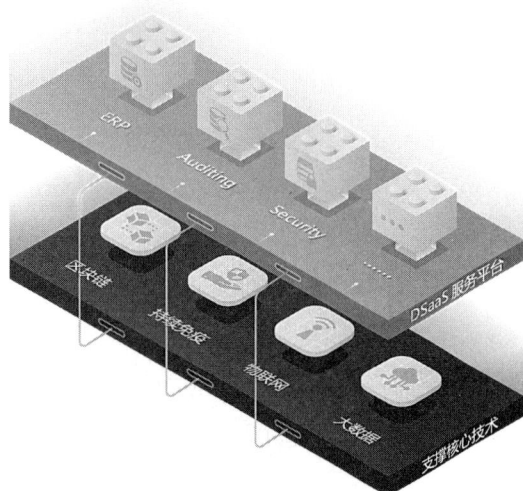

图 3-3　区块链数据服务系统

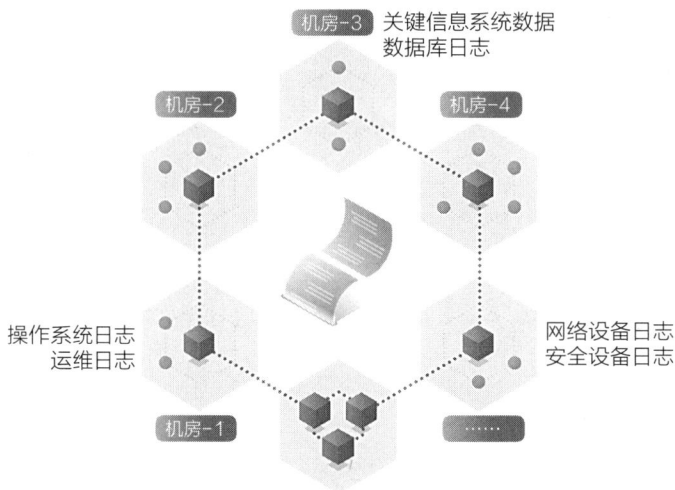

图 3-4　区块链安全存证服务

全防护更加可信。通过兼容性接口，可以迅速将传统数据信息转化为区块链信息。系统具备高兼容、高安全、易接入的典型特征（图3-4）。

4. 提供底层可信安全与运行状态验证服务

对于介入平台的区块链节点或者不同区块链技术标准的区块链服务，可以提供底层节点可信安全验证以及运行状态监测等服务。以可信持续安全免疫技术为基础，保障区块链平台数据与关键服务的安全可信。整合区块链安全存证确保整个区块链系统数据及信息不可篡改、运维状态可追溯。企业可以依据自身需求，向基础链平台申请加入，并将现有数据系统接入。也可以将原有私有链接入公共平台，获取权威信用背书，提升安全与效率（图3-5）。

5. 提供数据确权交易平台

随着大数据概念的引入与普及使用，跨行业以及企业的数据交互需求也与日俱增。数据的记录存储使用，涉及每企业组织生命的全周期、业务的全方位，大数据的交互与利用构建、使用是真正的"大"数据。如何建立健全大数据，保护运营好大数据，使用好大数据，不仅能创造价值，也将助力产业间互助协同，提升区域经济活力，提升域内机构核心竞争力。

然而，收益与挑战并存，大数据的使用同时也给数据的收集录入、数据确权、数据收益确认等带来巨大的安全与运维挑战。结合区块链确权交易平台，构建大型可信大数据共享平台，为上链企业实现数据来源可查，使用可追溯，泄露可追踪，权益可界定，为区域大数据的互通建立运营保驾护航（图3-6）。

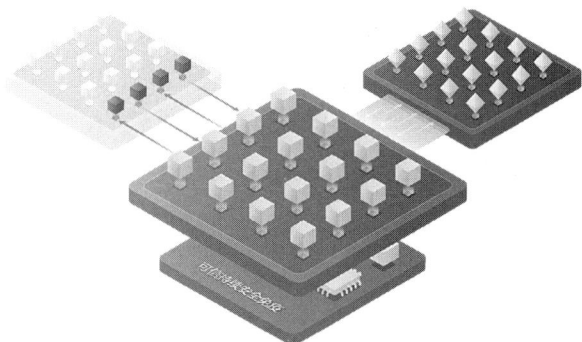

图 3-5　新节点或新加入区块链平台的可信安全验证服务

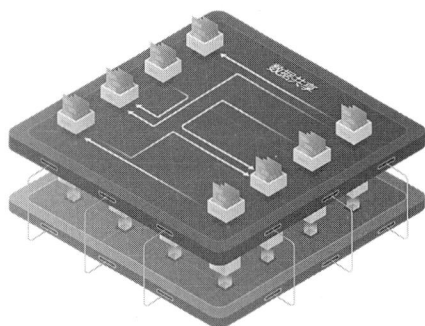

图 3-6　数据确权隐私共享交易服务

3.1.5 技术特点

1. 模块插件化

大多数功能模块，如CA模块、共识算法、状态数据库存储、ESCC、VSCC、BCCSP等都是通过可插拔的方式实现，系统提供了通用的接口和默认的实现，这满足了大多数的业务需求。这些模块也可以根据需求进行扩展，集成到系统中。对于企业的个性化需求与快速对接效果可以保证完美对接。

2. 海量并发

10万级TPS带来高效、高并发、高可用优势，能够快速定位全网中"最难撒谎的点"，并为少数这些点分发智能合约程序。因此TRIAS区块链通过利用可信计算的异构共识算法，从根本上减少和优化了共识过程与节点成本，提升共识速度。在同等节点规模和计算能力的情况下，共识速度将达到以太坊当前共识速度的5000~10000倍，能满足目前大部分的企业信息传递和交流的应用场景，具备企业级商用的高并发能力。

3. 高度安全

当前区块链抵御攻击的手段，采用的是以量取胜提高攻击者成本的策略，这种方式的效果已经证明比传统的数据安全要强。但就算区块链做到51%的抗攻击能力，仍然能有很大的机会被攻击成功。比如勒索病毒式自动化蠕虫类的攻击可以高速自我复制、扩散和连续性潜伏APT（Advanced Persistent Threat）攻击。如果区块链的节点数不够，要在互联网环境共识速度跑过自动攻击传播速度，被破坏的成本还是可接受的。在共识节点间用小世界网络算法构建基于TEE可信验证关系的信任网络，该网络上任一个节点的"撒谎"代价，近乎是需要全网90%以上的节点同时配合撒谎。因此与传统区块链网络无法对抗51%攻击相比，能够对抗接近90%的恶意算力攻击。

4. 高度兼容

支持PBFT、BFT等共识算法，按需部署。目前区块链大部分的技术主要是针对金融类型的交易，这样的底层数据结构很难适合当前主流的人工智能、大数据场景的流式高性能数据应用，无法直接进行描述。采用解耦性的区块链智能合约范式描述结构，可以直接把主流的高阶范式直接进行统一的规约化转换到区块链的范式中，方便用户可以把各种主流应用进行范式描述。

5. 隐私安全

采用椭圆曲线、零知识证明、ABE等前沿加密算法，保障权限与隐私成熟的技术来实现隐私交易，包括隐藏地址和隐藏交易金额。隐藏地址是一项用于保护加密货币接收者隐私的隐私增强技术。隐身地址要求发送方代表接收方为每笔交易创建随机的一次性地址，以便公众无法对同一收款人的不同转账进行关联。即使拿到全部交易数据，第三方也无法解析收款人是谁。

6. 可管可控

灵活管控监管节点，随时加入与撤销，便捷管理。基于可信计算的技术，对外链设备的接入和数据接入在传统的挖矿软件或者钱包接入的方式基础上，对用户的整个运行环境进行可信计算的度量与证实，保证7×24小时的情况下对用户运行环境的状态进行求证验证，就算有1个字节的非白名单变化，都能发现其非可信外链的行为和节点，解决了现有区块链技术的接入破坏成本低的问题。通过限制可信设备产生链数据源，保证数据产生的可信状态和后续处理增加的标准TAG属性，限定产出源头的可信度。

7. 升级便利

区块链的升级一般分为硬分叉和软分叉，目前实现了硬分叉的回滚和未来块的升级。本平台使用的可信区块链技术实现了在指定块高的分片。例如当前应用版本高为V10，在该版本下企业发生重大业务问题需要修复，企业可以在一个指定的未来块高N进行升级，并将版本自动化设置为V11，并发布了更新后的Bin。在块高N之前不升级与升级的Bin均可正常工作，到达N+1后，只有升级后的Bin可以继续运行修复后的官方版本，此外未升级的部分也可继续运行。

3.2
区块链赋能数字消防

3.2.1 消防大数据信息防篡改

针对平台功能复杂度增加，调用程序增加，可攻击的漏洞日益增多；外部网络攻击呈现国际化、专业化的态势，平台上存储的海量大数据饱受觊觎；内部人员的非法操作、违规发送或拷贝数据等一系列问题，运用可信计算技术，抵御获得最高控制权的入侵者加载未知病毒、木马，生成硬件级白名单，防御已知、未知病毒攻击。网络威胁态势感知分析，人工智能预判攻击路径，及时告警阻断攻击，根据攻击类型自动分发弹性防御措施。人工智能UEBA用户行为分析，能够快速识别合法用户的非法操作，智能告警，防止信息泄露。

因行业监管的要求，对消防大数据防篡改的日益增长的需求，要求消防数据的客观存证和防止篡改；政府因问题追责的需要，要求平台数据防删除、防篡改、可追溯；防止内部人员非法操作，违规篡改或删除平台数据。针对以上需求和风险，运用区块链技术，实现数据的防篡改、可追踪，以及查阅流程的路径追溯；或设置路径对被保护服务器中的文件提供防篡改服务，并根据需求实现毫秒级回滚。区块链存证，保证平台信息永久存储，防篡改，数据可追溯，可确权，防抵赖。人工智能UEBA用户行为分析，能够快速识别合法用户的非法操作，区块链存证，防篡改，防删除。

3.2.2 消防大数据可信共享体系

基于区块链技术，建立消防大数据分布式账本"一账通"，坚持共同记账、共同维护、相互监督的原则，各维度消防数据实时同步，共同存证，具有真实客观、防篡改、可追溯的特性。

基于区块链技术构建的分布式消防大数据账本"一账通"系统，可实现各维度消防大数据统一存证、统一管理。运用多中心化监管机制，数据实时上链加密存证、防篡改；多中心化分级响应机制，借助分布式计算决策，简化响应流程，提高响应效率；人工智能大数据分析，数据深度挖掘，赋能消防产业供应链金融、消防安全指数形成、消防保险、立体化综合应急决策指挥等业务场景。

3.2.3 多中心化监管与响应

多中心化监管：在消防体系当中，每个计算机运算中心都是可供消防大数据存储的区块链节点，关键数据第一时间上链，实现消防大数据的防篡改处理，从而真实、即时地反映各处消防安全状况。多中心化监管体系下可实现消防大数据的时间同步、数据同步、相互制约、相互验证、防篡改、可追溯。

多中心化分级响应：每个运算中心都可作为应急响应中心，利用智能合约追溯技术确保应急响应流程真实有效不被篡改，运用分布式计算，实现应急事件的分级响应，降低上层系统负担，提高响应效率，第一时间处理危急情况，分算力中心可以是上级应急管理部门、消防管理单位、责任单位等主体。

3.3
数字消防区块链基础套件

区块链基础软件支持建成一条数字消防区块链，部署支持国密标准的区块链服务软件，为链上业务应用提供区块链的底层技术支撑。主要由区块链基础、区块链服务和容器服务组成。

3.3.1 数字消防区块链基础软件功能架构

区块链基础功能及服务支持Hyperledger Fabric（版本1.4），构建于容器服务Kubernetes集群之上，实现资源创建、管控运维、安全治理等BaaS基础服务。区块链基础功能及服务帮助用户快速创建和部署应用区块链环境，提供图形化的区块链管理运维能力，实现参与机构和业务的动态添加，简化区块链的部署流程和应用配置。区块链基础套件和区块链公共组件为区块链基础功能及服务、区块链API和SDK提供了底层部分通用功能和方法。

区块链基础功能及服务利用容器服务调度底层物理资源，使用helm chart进行各个应用和节点容器的创建及编排，将用户界面、管控模块、监控告警、日志管理、资源编排、节点配置、数据库访问进行解耦，上层界面通过OpenAPI调用各种功能。使整个系统有良好的扩展性，方便功能的新增、修改、重用和部署，能快速地响应业务变化对系统的需求和未来弹性扩展的要求。开发遵循软件工程方法，使用Go、Java、Javascript等主流开发语言，通过面向对象的分析、设计方法，按照参数化、模块化的方式实现软件模块的组装。

区块链的数据内容包括账本数据、排序节点数据、kafka及zookeeper数据、配置信息、证书及密钥、区块链浏览器数据、管控信息等。

账本数据和排序节点数据量较大，使用NAS类的共享存储，保证各虚机能同时访问，确保动态可扩展。

kafka及zookeeper数据需要高速访问，数据量可控，使用本地盘存储。

配置信息及证书密钥数据通过K8S的ConfigMap和secret在各节点间进行传递。

区块链浏览器数据和管控信息需要SQL处理，存于关系型数据库中。

3.3.2　数字消防区块链基础功能

1.　数字消防区块链节点管理

区块链节点管理主要由应用链信息管理、节点准入管理、网络配置管理、节点证书管理、节点状态监控等五个功能模块组成，以确保区块链系统的正常运行。

（一）应用链信息管理

对接入应用链的基础信息进行登记备案和管理，提供包括信息登记、规范命名和信息维护等功能。

（1）应用链信息登记备案

由链管理人员对接入链的应用链基础信息进行登记，录入包括应用链名称、承载业务范围、管理单位、分管领导、经办责任人、联系方式等基础信息，以及设置应用链的管理员用户并对其进行授权等。

（2）规范命名

接入链的应用链必须基于主子链体系规范命名，并建立与原应用链名称的映射关系，便于应用链上业务管理、拓展开发和升级维护等工作。

（3）应用链信息维护

提供对监管下的所有应用链注册登记信息的查询修改功能。

（二）应用链节点准入管理

对接入的区块链节点进行登记审核，并为其配置网络和颁发证书，满足体系规范和监管需求，防范非法接入带来的安全风险。提供节点注册登记、审核、规范命名、配置网络和证书颁发等功能。

（1）节点登记

登记应用链节点的基础信息，提供单点录入和批量导入功能，包括关联应用链信息、节点类型、节点用途、节点管理责任人、联系方式等信息。可以由应用链管理人员通过应用链的管理界面输入，也可以由链管理人员根据应用链管理者提供的信息列表进行导入。

（2）节点审核

提供对节点信息确认功能，链管理人员通过管理界面审核应用链节点信息，对信息进行确认后，完成应用链节点的登记工作。

（3）配置网络

工作人员可以通过应用链节点管理界面更新各个应用链节点的网络IP地址，实现对应用链节点IP地址的网络管理功能。

（4）规范命名

需要对节点基于链体系规范进行命名，并建立与应用链节点名称的映射关系，实现监管和业务升级管理的需要。

（5）颁发证书

根据应用链和节点的命名规范颁发区块链系统根证书签名的数字证书，下发到应用链节点，完成应用链节点的准入工作。

（三）网络配置管理

系统提供链监管下所有区块链节点的网络配置和管理功能，根据管理规范的需要更新区块链节点的网络配置和访问代理配置。

（1）网络地址管理

提供对应用链节点网络地址的检索、查看、更新等功能。

（2）网路地址远程更新

管理人员可以远程修改配置应用链节点的网络IP地址，并实时监控应用链节点的网络连接状态。

（四）节点证书管理

提供节点证书颁发、备份、延期、恢复、查看等管理功能。

（1）颁发证书

为应用链节点提供证书颁发功能，采用国密标准的椭圆曲线算法，依据数字信息化基础设施建设的统一证书规范生成节点证书，并由平台根证书签名。依据规范生成的证书通过区块链网络部署到对应的应用链节点。

（2）备份证书

系统提供应用链节点证书的备份功能，当区块链节点发生故障时，可以通过系统备份的证书进行恢复。

（3）恢复证书

当区块链节点发生故障时，可以通过系统备份的证书进行恢复。

（4）证书续期

应用链节点证书到期，可以由系统提供的证书续期功能，增加证书的使用期限，实现区块链系统持续提供正常服务。

（5）查看证书

系统管理人员可以通过系统提供的应用链节点证书管理功能查看应用链节点证书的相关信息，确保区块链系统内证书的合规使用。

（五）节点状态监控

分别针各条应用链，从区块链交易数据、运行态势、实时动态、使用人数、使用分类统计、使用频度等多个指标分别呈现链体系架构的总体运行态势的监管数据。

（1）区块生成状态监控

实时统计并更新主链用户日志、安全监管事件、应用链数据上链统计信息和应用链业务日志等信息上链导致主链账本中区块的变化情况，从当前主链区块的高度来反映区块链平台的应用情况。

（2）交易量监控

实时统计链各自账本中产生业务的笔数，从业务量的角度来反映业务开展的总体情况。

（3）用户数量分析

实时系统用户的总数量和当前在线的用户数量，从用户数量的角度来反映区块链平台的关注度和用户的活跃度。

（4）业务类型统计

统计模板功能：提供统计模型定制功能，并依据模型自动生成业务分类统计模版。

数据统计：系统根据指定的业务分类统计模板，实时统计并更新各应用链上相关业务开展和提供服务的情况，包括业务总量、当前业务信息。

（5）业务频度分析

根据业务类型数据统计的结果，计算链上业务发生的频度，并按时间维度进行展示，反映业务的活跃度。

（6）节点健康状态分析

获取各条链节点实时服务状态，并以状态健康度评分评级方式呈现。

（7）可视化展示

开发区块链平台态势感知的可视化展示界面，以图形、图表的方式实现对上述统计和分析数据的可视化呈现。

2. 数字消防平台用户管理

平台用户管理主要由用户注册管理、辅助信息管理、权限管理和用户信息维护四个功能模块组成，确保系统对平台内用户行为进行有效监管。

（一）用户注册管理

（1）登记用户信息

用户申请注册：提供用户注册界面，实现用户信息输入和提交。

批量用户登记：实现批量用户申请信息的自动导入。

（2）信息审核

实现用户申请信息的查询、列表展示、审核和批复等功能。

（二）辅助信息管理

（1）用户单位信息管理

系统建立用户单位信息库，规范各家单位的名称，并提供用户单位信息的增、删、改、查等管理功能，便于用户分类管理和检索查询，防止用户注册登记时出现不规范的录入信息。

（2）角色信息管理

系统建立用户角色信息库，提供用户角色信息的增、删、改、查等管理功能。

（3）辅助信息关联

为新接入应用链辅助信息与本平台辅助信息、进行关联，建立新加入应用链用户与本平台辅助信息的映射关系。

（三）权限管理

（1）权限规则管理

制定并管理权限与系统功能接口的对应关系表，规范用户行为和业务监管。系统提供权限规则库的增、删、改、查等管理功能。

（2）用户授权

提供用户权限设置和权限管理功能，根据业务规则，实现对用户权限进行增、删、改、查等操作。

（四）用户信息维护

（1）信息更新

用户个人信息发生变化时，对相关用户信息进行修改更新。

（2）挂起用户

提供用户挂起功能，保留用户注册信息，限制用户权限。

（3）恢复用户

提供恢复用户功能，被挂起的用户通过审核，可以恢复该用户的访问权限。

（4）用户注销

提供用户注销功能，已注销用户信息进入注销库，不再具有任何权限。

（5）修改权限

对用户权限修改操作，对关联信息、业务范围和权限进行修改更正。

（6）重置密码

提供用户修改重置密码功能。

（7）找回密码

提供用户找回并重置密码功能。

（8）查询统计

系统提供用户信息的检索、查询、统计、报表等功能。

3. 数字消防应用链业务备案

应用链上的业务必须进行登记备案，应用链业务备案子系统主要由存证业务管理、智能合约管理两个功能模块组成，以满足主链对各条应用链上数据和业务行为的监管需求。

（一）存证业务管理

应用链上的存证业务必须在通过登记备案，应用链内业务管理提供业务备案、区块链节点和账本关联、业务挂起、业务恢复、业务注销、业务信息维护等功能模块。

（1）业务备案

新增业务登记：对新增的上链存证业务进行备案登记，其中业务登记的账本支持多个。

原有业务登记：对新加入的应用链上的存证业务进行登记备案。

业务审核：审核应用链存证业务登记内容的真实性，核实后完成登记备案。

（2）区块链节点和账本关联

关联区块链节点：对于新增业务，拉取应用链上的区块链节点进行业务关联，组装新的子链或通道，集中存储和管理存证业务相关的各类账本；对应用链上原有的业务，配置节点关联关系，重构子链或通道，完成对具体业务节点的关联。

区块链账本关联：对于新增业务，由主链管理人员为新增业务配置并按账本命名规范生成业务关联各类账本，便于新增业务的开发利用，用于存储相应的业务数据；对应用链上原有的业务，由应用链管理人员配合主链管理人员完成业务相关各类账本的关联。

（3）业务挂起

关闭承载业务的区块链节点或账本服务，关闭相关服务接口，禁用相关智能合约，禁写相关账本，使得业务处于被挂起的状态。

（4）业务恢复

开放被挂起的业务，开放相关服务接口、解除相关智能合约禁用，允许相关账本写入。

（5）业务注销

关闭相关的访问接口，移除相关的智能合约，并将相关的账本转移备份。

（6）业务信息维护

业务管理信息维护：提供业务登记信息的修改维护功能。

业务账本管理：对业务关联的账本进行禁写、转移、注销和封存等操作，同时限制相关用户的业务权限。

（二）智能合约管理

（1）合约备案

提供智能合约提交、注册登记和审核备案功能。

（2）分发部署

对智能合约进行分发部署并安装到相应的区块链节点。

（3）合约变更

提供对智能合约变更申请、审核、重新签名授权和更新部署的功能支持。

（4）合约复制转交

提供对智能合约复制转交的申请、审核以及合约重新签名封装和部署安装等功能。

（5）合约信息维护

提供查询智能合约管理信息并对智能管理信息进行修改和补充完善等功能。

（6）合约作废

提供智能合约作废的申请、审核，停用移除智能合约、停用相关业务等功能，完成智能合约的废止。

4. 数字消防安全监管

管理部门可以通过链监管的方式，应用人工智能算法以及深度学习的方法对各条应用链关键业务的上链信息进行智能过滤和信息挖掘。安全监管主要由人工智能模型训练管理、监管策略管理和监管异常处置三个功能模块组成。

（一）人工智能模型训练管理

人工智能模型训练管理主要包括算法模型管理、训练数据采集、模型训练、训练成果管理等功能。

（1）算法模型管理

模型和参数登记：系统提供灵活的人工智能算法模型管理机制，研发人员根据需要可以对常用的人工智能算法进行组合形成新的算法模型，提高自适应度和监管能力。系统原有模型和新建模型进行登记管理，提交算法模型和调参说明。

模型和参数维护：系统管理人员可以通过人工智能算法模型管理模块对算法模型和参数进行维护，包括升级算法模型和调整算法参数。

（2）训练数据采集管理

训练数据导入：从平台内外搜集训练数据，进行数据清洗、格式转换后导入系统，为模型训练提供数据支撑。

数据探针：在前置机部署数据探针，实时采集需要监管的关键字段信息，并进行数据清洗、格式转换后导入系统，为模型训练提供数据支撑。

（3）模型训练

实现对模型训练方式、训练时间、训练内容等的设定和管理，并按照设定启动模型训练。

（4）模型训练成果管理

利用人工智能监管算法模型训练的输出结果形成智能监管策略库，提供对智能监管策略库的增、删、改、查等维护功能。

（二）智能监管策略管理

（1）监管策略管理信息登记

提供对监管策略管理信息的登记功能。

（2）策略导入

将智能监管策略库中相应的监管策略关联应用到智能安全监管策略中。

（3）补充策略录入

增加相应的敏感关键词，生成新的监管策略。

（4）监管策略审核

提供对监管策略查询、显示，以及对策略内容修改、策略删除等审核功能。

（5）智能安全监管策略封装

对策略进行封装成执行模块，并签名存档。

（6）监管策略部署

获取承载业务的区块链节点和账本，并通过应用链管理接口，将智能安全监管执行模块分发到对应的节点服务器，完成部署和安装。

（7）监管策略升级维护

提供智能安全监管执行模块的变更、升级功能。

模块升级：对智能安全监管执行模块的搜索算法、过滤算法等进行更新，并实现监管执行模块的重新封装、签名、部署和安装等功能。

策略变更：对智能安全监管策略的关键词集合进行更新，并实现监管执行模块的重新封装、签名、部署和安装等功能。

（8）监管策略注销

实现智能监管策略的注销登记、移除、安装部署等功能。

（9）执行报表

监管策略执行模块按制定的方式对业务对象的行为和业务数据的内容实施监管，形成监管异常信息报表，对所异常行为和数据内容进行描述。

（三）监管异常处置

（1）风险评估

对监管执行的结果进行风险评估，完成风险定级（分无风险、低风险、中等风险和高

风险四个级别)。

（2）风险报警

系统预警：对低风险、中等风险和高风险三个级别分别进行黄色预警、橙色预警、红色预警，并将预警信息推送到系统前端。

消息推送：系统自动将预警信息和监管异常报表通过管理节点的消息通道同时推送相关的业务部门和监管部门。

（3）风险处置

数据屏蔽：对内容异常的数据，系统将自动对其数据源打上暂停服务标识，暂缓访问该数据源的服务。

事件管理：提供对监管异常报表内容的检索、查询、统计、分析功能。

事件溯源：根据监管异常报表对事件（数据）的源头进行查证。

事件处置：对源头信息进行屏蔽和恢复操作，被屏蔽的源头数据将不再提供数据服务。同时也提供对屏蔽数据的解除屏蔽功能。

5. 数字消防系统日志监管

系统对用户操作日志和应用链业务日志自动上链存证，针对不同场所进行统计报表并上报主链存证，提供日志的分类检索和查询功能。

（一）用户操作日志管理

实现对平台用户操作行为上链存证，确保用户的行为记录不可篡改，为鉴定用户责任提供依据。

（1）节点管理记录上链

主要实现应用链信息注册登记、节点注册登记、网络配置、证书颁发等用户操作行为的上链存证，由系统自动完成。

（2）用户管理记录上链

主要实现用户注册审核和用户授权的行为上链存证，由系统自动完成。实现对用户管理操作行为的管控，确保用户授权行为合规，防止越权操作。

（3）业务备案记录上链

主要实现应用链业务登记备案、智能合约登记部署行为上链存证，由系统自动完成。辅助实现应用链业务的监管，确保应用链上业务合法合规。

（4）智能安全监管记录上链

主要实现安全监管策略登记备案和对监管异常处置的用户行为上链存证，由系统自动完成。

（5）日志查询

系统管理人员可以检索查询用户的操作日志，实现对越权或非法行为的取证，便于管理人员查明系统故障或违规操作，维护系统正常运行。

（6）日志统计分析报表

提供日志统计分析功能，提供分析报表输出。

（二）应用链业务统计日志管理

系统为应用链业务的监管设计统计日志功能，以管理用户可定义的时间粒度对各条应用链上的业务行为进行统计报表并上链存证。

（1）共享数据存证统计日志上链

系统定时自动完成共享数据存证业务、共享数据服务业务、证照数据存证等业务的统计报表工作，并将统计报表上链存证。

（2）共享服务业务统计日志上链

系统定时自动完成系统提供的数据查询、下载、核验、溯源等服务业务的统计报表工作，并将统计报表上链存证。

（3）信用数据存证统计日志上链

系统定时自动完成信用记录存证等业务的统计报表工作，并将统计报表上链。

（4）信用服务业务统计日志上链

系统定时自动完成信用报告查询、下载、核验、溯源等服务业务的统计报表工作，并将统计报表上链。

（5）日志查询

系统提供应用链业务统计日志的检索、查询功能，可以通过输入业务名称、业务类型、选择业务时间范围等条件进行检索和查询。

（6）统计分析报表

系统提供对业务统计日志的二次处理统计分析报表功能，在细粒度统计报表的基础上形成用户需求的全面的统计分析报表，全面掌握各条应用链存证数据情况和提供服务情况。

（7）应用链业务可视化分析展示

为应用链上的数据和业务管理提供可视化的展示功能。

展示模板管理：系统提供基本展示数据的功能接口，可以利用这些接口简单配置需要展示的内容和方式，形成展示的模板。展示的模板可以保存，系统提供对展示模板的查询、增加、修改和删除等管理功能。

模板参数配置：通过模板管理界面，可对已有的展示模板进行修改，可以增加也可以调阅选择需要展示的数据对象和方式，并配置保存相关的展示参数。

统计报表：系统按照展示模板的定制要求，定时自动地执行相关的统计功能，形成统计报表，并将统计数据推送到展示平台。

可视化展示：展示平台对统计报表进行解析，并以图形、图表的方式进行可视化呈现。

3.3.3 数字消防区块链服务

区块链服务基于主流区块链技术的企业级PaaS（PIatform as a Service）平台服务，帮助用户快速构建更稳定、安全的生产级区块链环境，减少在区块链部署、运维、管理、应用开发等方面的挑战，使用户更专注于核心业务创新，并实现业务快速上链。

在管理模式上，用户在本地部署区块链服务后，可创建多个组织节点进而形成一个联盟链网络，并在这个联盟链中，按业务隔离需求创建不同的通道加入相应节点。之后管理员可在界面上查看联盟，联盟中各个组织节点以及通道的信息。这些信息包括联盟／组织节点名称、域名、IP地址、端口信息、创建日期、节点状态、通道链码、通道成员、节点日志等。

对于开发人员，可利用产品提供的工具，将智能合约打成tar包后上传至平台，安装在指定的组织节点上进行实例化或升级。开发人员可在界面上下载sdk开发包，内含CA证书及节点连接配置文件，在客户端侧调用智能合约。

运维人员可在内置监控页面查看各个通道的区块数、交易数及按时间的统计值。进而可以查看每个区块和交易经过格式化后的内容，以及链码函数、背书、调用者、版本等全方位的统计信息。另外区块链服务平台的日志可通过配置文件进行格式定制，用户也可自定义告警规则实现邮件或短信告警。

对于联盟未来新增的组织节点，有可能并不部署在中移信息的平台上，区块链服务可通过注册的方式将远程组织节点动态添加至已有联盟及通道。

区块链服务平台的整体操作流程。管理员登录平台后，注册物理资源。创建组织／联盟／通道／客户端用户后进行链码的安装部署。客户端应用持有用户名／密码获取证书，访问区块链网络调用链码。管理员可在平台上进行监控、日志查看等平台管理操作。

1．物理资源注册

在区块链服务平台中，首先要注册容器集群及文件系统(NFS)，以便管理员选择区块链节点所使用的物理资源。用户可注册多套容器集群及文件存储，只要网络互通，权限允许，这些物理资源既可以是本地的，也可以是远程的，以支持Peer节点的跨地域分布式部署。管理员需收集K8S容器集群及NFS文件系统的命名及连接信息。

2．组织管理

（一）创建组织及信息查看

创建组织功能，输入组织的名称、域名、容器服务集群、文件系统、状态DB等信息后可创建组织节点。

（二）创建区块链用户

业务应用访问区块链服务时，区块链端需要验证访问区块链用户的身份信息。在目标组织中，可通过新增用户功能进行用户名及密码的注册，也可指定该用户拥有的属性值，以便未来在智能合约中做更细粒度的访问控制。

（三）查看Peer日志

Peer节点日志记录着底层Peer的运行时日志，当用户遇到链码执行错误时，可以通过查看Peer日志排查问题。在目标组织中，进入Peer节点页签。在指定Peer节点对应的操作列中节点日志进行查看。

（四）查看组织监控

在目标组织中查看监控。

概览页签：展示区块数量、交易数量和最后区块信息，并以图表形式展示区块数量及交易随时间的变化趋势。

区块页签：展示所有区块的创建时间、区块序号、数据哈希等信息。

交易页签：展示背书数据和链码数据。

链码页签：展示背书数据、函数数据、调用者数据和版本数据。

3. 联盟管理

（一）创建联盟及查看信息

创建联盟，输入联盟的名称、域名、容器服务集群、文件系统，并选择需要纳入联盟的组织。

创建成功后单击一个联盟的名称，即可查看联盟的详情，包括参与的组织、通道、链码、Orderer节点。

参与组织：展示组织名、域名及加入时间。

通道：展示通道名、通道内组织、链码数、创建日期、更新日期，提供通道管理的链接。

链码：展示联盟内所有的链码以及其版本，提交／部署时间和相关通道。

Orderer节点：展示当前联盟的Orderer节点信息，包括节点名称、IP等信息。

（二）动态加入组织

在目标联盟页面内，通过"组织加入"功能，可勾选组织名称邀请加入。后台自动更新联盟链系统配置。

（三）动态删除组织

在目标联盟页面内，进入"参与的组织"页面，可将相应组织从联盟中删除，但前提是该组织已从联盟里的所有通道中删除。

（四）查看Orderer节点信息与日志

Orderer节点日志记录着Orderer的运行时日志，当您发现通道创建失败或者组织加入通道失败。在目标联盟中，进入Orderer节点页签，在指定Orderer节点对应的操作列中可单击节点日志进行查看，帮助定位问题。

4. 通道管理

（一）创建通道及查看信息

在目标联盟中的通道页面，通过"添加通道"功能，勾选要添加的组织，可创建一个新通道。系统会向该组织发出邀请，组织同意后，才会加入通道。创建完毕后，用户选择目标通道查看其成员信息，包括组织名称、域名、加入时间等。

（二）动态加入组织

用户通过"添加组织"功能，动态地为已有通道新增组织。

（三）动态退出组织

在目标通道页面内，可将相应组织从通道中退出，但前提是该组织的退出不要影响通道内已有智能合约的背书及运行。

（四）配置通道参数

创建通道时或创建通道后，都可根据业务特性对通道的"块交易上限""块超时时间""块大小软限制"参数进行配置，以达到更好的性能。

5. 链码管理

（一）链码部署

新链码的操作在组织页面中，部署需要经过以下三个步骤：

（1）上传链码

用户在界面上传在开发环境已经打包的链码，选择需要部署该链码的通道，填写背书策略。上传链码成功后，链码标签页的列表中会出现该链码。其中链码列显示的链码名称以及版本列显示的链码版本号都是用户在本地打包链码时指定的。

（2）安装链码

在链码操作列中点击"安装"，可将此链码安装在本组织中。如果用户上传链码时设置的背书策略为需要多个组织执行此链码，则需要在其他组织的页面中进行安装。安装完成后状态变为已安装，操作列中的安装变为实例化。

（3）实例化链码

在链码操作列中点击"实例化"，系统自动显示上传链码时填写的背书策略。用户可以保留该策略，也可以修改为新的策略。操作成功后通道状态会由未实例化变为运行中操作列的值变为空。

（二）链码升级

用户可升级通道中已有的链码。链码内容更新后，打包时需要指定与前一版本一致的链码名称、不同的版本号。上传升级后的链码包，在各个需要运行链码的组织中安装链码。

安装成功后，操作列中的值变为升级。单击升级，在弹出的对话框中，填写背书策略（如果需要更改）。升级成功后，链码在通道中的状态，会由可升级变为运行中，操作列的值变为空。

6. 开发工具包

在组织页面内，找到目标用户，通过"下载SDK"功能，获取该用户的SDK配置包，其中包括适用于Java、Go、Nodejs需要访问区块链网络的配置文件、CA证书和用户信息。

Connection—profile．Yaml：适用于GoSDK的配置文件，其中包含CA证书、用户的信息以及联盟的配置信息，SDK基于该配置文件可以方便地访问区块链网络，可以免去手工配置的烦琐流程。

connection—profile—standard．Yaml：适用于Java、NodejsSDK的配置文件，其中包含CA证书、该用户的信息以及联盟的配置信息，SDK基于该配置文件可以方便地访问区块链网络，可以免去手工配置的烦琐流程。

connection—profile—standard．Json：适用于Java、Nodejs、pythonSDK的配置文件，内容与connection—profile—standard．Yaml一致，唯一区别在于是json格式。

可执行脚本bootstrap．sh：用于下载SDK源码、SDK相关的demoapp，以及示例智能合约到本地。

7. 系统用户管理

（一）用户与权限

区块链服务控制台中有四种不同的角色：超级管理员（SUPER）、系统管理员（ADMIN）、组织管理员（ORGADMIN）和系统用户（USER）。

（1）超级管理员（SUPER）

超级管理员为系统缺省管理员，可以用来创建其他用户，并为其重置密码。

（2）系统管理员（ADMIN）

系统管理员由超级管理员创建并授权，具有区块链服务控制台资源的管理权限。可以注册集群和文件系统，创建及管理所有组织、联盟、通道和链码。

（3）组织管理员（ORGADMIN）

当系统管理员创建某一个组织后，超级管理员可为这个组织创建组织管理员。该管理员可在组织内部管理链码和SDK用户，以及查看其他资源，但无法创建新的组织和联盟，也无法管理联盟和通道。

（4）普通用户（USER）

普通用户由超级管理员或系统管理员创建，只具备资源的查看权限，可以修改自己的密码。

（二）创建用户

超级管理员可以创建用户，并选择是否为用户授予管理员权限。只有超级管理员可以创建用户，并为用户授权。用户创建后不可删除。

（三）设置管理员

超级管理员创建用户之后，可以修改用户的权限，即授予管理员权限或取消授权。用户管理页中展示用户列表，其中在是否为管理员一列中注明用户身份。

ROLE_SUPER：超级管理员。

ROLE_ADMIN：系统管理员或组织管理员。

ROLE_USER：系统用户。

（四）修改密码

为了保证安全性，系统管理员和系统用户可以为自己定期修改密码。系统管理员和系统用户只能修改自己的密码。如果系统管理员和系统用户忘记了密码，可以联系超级管理员为其重置密码。

3.3.4 数字消防容器服务

容器服务：容器服务(Container Service)是一种高性能可伸缩的容器管理服务，支持企业级Kubernetes容器化应用的生命周期管理。容器服务提供高性能可伸缩的容器应用管理服务，支持用Kubernetes进行容器化应用的全生命周期管理，提供多种应用发布和持续交付能力并支持微服务架构。

主要功能包括：资源调度、微服务、DevOps、日志与监控、安全等。

1. 资源调度

（1）支持大规模集群的统一资源池化管理，支持管理用户的物理机、VMware等现有IAAS环境。

（2）支持根据应用需求动态调度容器，可选择多种维度的调度策略，如资源维度（CPU、内存、GPU等），可靠性要求维度，应用拓扑的亲和性维度等。

2. 微服务

（1）内置通用的服务注册、发现、路由、负载均衡等机制，对开发语言和中间件无特殊需求。

（2）供声明式配置，无需编码。

（3）持Spring Cloud等开源微服务框架。

3. DevOps

（1）内置容器化DevOps最佳实践，可以实现一键式从代码提交到应用变更上线的全自动流程。

（2）支持与三方、开源CI／CD方案整合。

（3）提供不间断发布和蓝绿发布等灰度发布机制，支持灵活、可控的服务更新。

4. 日志与监控

（1）提供企业级日志采集和输出方案。无缝集成容器日志采集，支持采集标准输出或指定目录的日志。

（2）可以选择对接云日志服务，支撑超万台服务器，IOPS超2万。也可以对接ELK等三方开源或企业已有日志框架。

（3）提供容器级别、应用级别和宿主机级别的多维度监控，提供服务和应用视角聚合数据。

（4）支持脚本、URL等自定义监控。

（5）可以选择对接云监控，也可以对接三方开源监控解决方案。

5. 安全

（1）与企业用户目录无缝集成，支持统一用户认证管理。

（2）支持基于角色的授权模型，对集群资源灵活控制。

6. 镜像管理

（1）支持高可用镜像仓库，支持高可用存储。

（2）支持镜像安全扫描和数字证书签名，实现安全可控的协作和应用分发机制。

7. 容器存储

（1）支持本地和分布式数据卷管理，支持企业已有NAS和SAN存储。

（2）内置支持云存储能力，包括对象存储、块存储和分布式文件系统，提供标准FlexVolume驱动。

（3）可以通过插件扩展机制对接更多存储实现。

8. 容器网络

（1）支持容器间高性能跨宿主机网络通信。

（2）支持与企业现有网络方案对接。

（3）支持打通云上云下，混合管理。

（4）提供插件扩展机制，支持更多网络方案。

（5）支持容器访问策略和流控限制。

9. 应用管理

（1）支持应用灰度发布，蓝绿发布。

（2）内置应用目录，支持Helm应用一键部署和升级。

（3）支持服务目录，简化服务集成。

3.3.5 数字消防区块链基础套件

本项目致力于构建安全、可信、可监管的"区块链+政务"应用的标准规范，并为基于主子链架构的拓展应用奠定基础。为达成以上目标，需要定制开发支持国密算法的跨平台、多语言的一系列区块链基础核心套件，包括安全与加密核心服务、账本与交易管理及服务套件、区块链成员管理及服务、智能合约管理及服务、区块链联盟管理及服务、跨链交互管理及服务等。

1. 安全与加密核心服务套件

（1）国家商用密码算法套件——SM2——多语言版本核心算法的实现；

（2）国家商用密码算法套件——SM2——跨平台标准化接口套件——RPC／Json；

（3）国家商用密码算法套件——SM2——跨平台标准化接口套件——RPC／Xml；

（4）国家商用密码算法套件——SM2——跨平台标准化接口套件——RPC／Yaml；

（5）国家商用密码算法套件——SM2——跨平台标准化接口套件——Thrift／Json；

（6）国家商用密码算法套件——SM2——跨平台标准化接口套件——Thrift／Xml；

（7）国家商用密码算法套件——SM2——跨平台标准化接口套件——Thrift／Yaml；

（8）国家商用密码算法套件——SM2——跨平台标准化接口套件——ProtoBuf：

（9）国家商用密码算法套件——SM2——跨平台标准化接口套件——pkcs8标准；

（10）国家商用密码算法套件——SM2——跨平台标准化接口套件——pkcs11标准；

（11）国家商用密码算法套件——SM3——多语言版本核心算法的实现；

（12）国家商用密码算法套件——SM3——跨平台标准化接口套件——RPC／Json；

（13）国家商用密码算法套件——SM3——跨平台标准化接口套件——RPC／Xml；

（14）国家商用密码算法套件——SM3——跨平台标准化接口套件——RPC／Yaml；

（15）国家商用密码算法套件——SM3——跨平台标准化接口套件——Thrift／Json；

（16）国家商用密码算法套件——SM3——跨平台标准化接口套件——Thrift／Xml；

（17）国家商用密码算法套件——SM3——跨平台标准化接口套件——Thrift／Yaml；

（18）国家商用密码算法套件——SM3——跨平台标准化接口套件——Protobuf；

（19）国家商用密码算法套件——SM3——跨平台标准化接口套件——pkcs8标准；

（20）国家商用密码算法套件——SM3——跨平台标准化接口套件——pkcs11标准；

（21）国家商用密码算法套件——SM4——多语言版本核心算法的实现；

（22）国家商用密码算法套件——SM4——跨平台标准化接口套件——RPC／Json；

（23）国家商用密码算法套件——SM4——跨平台标准化接口套件——RPC／Xml；

（24）国家商用密码算法套件——SM4——跨平台标准化接口套件——RPC／Yaml；

（25）国家商用密码算法套件——SM4——跨平台标准化接口套件——Thrift／Json；

（26）国家商用密码算法套件——SM4——跨平台标准化接口套件——Thrift／Xml；

（27）国家商用密码算法套件——SM4——跨平台标准化接口套件——Thrift／Yaml；

（28）国家商用密码算法套件——SM4——跨平台标准化接口套件——Protobuf；

（29）国家商用密码算法套件——SM4——跨平台标准化接口套件——pkcs8标准；

（30）国家商用密码算法套件——SM4——跨平台标准化接口套件——pkcs11标准；

（31）IEEE标准商用密码算法套件——AES；

（32）IEEE标准商用密码算法套件——RSA；

（33）IEEE标准商用密码算法套件——EC；

（34）IEEE标准商用密码算法套件——SHA；

（35）IEEE标准商用密码算法套件——其他；

（36）支持国密的PKI套件——X.509核心协议；

（37）支持国密的PKI套件——X.509国密证书构造；

（38）支持国密的PKI套件——X.509国密证书标准化服务接口；

（39）支持国密的区块链安全网络套件——国密TLS协议套件——支持国密的SSL／TLS核心算法；

（40）支持国密的区块链安全网络套件——国密TLS协议套件——异构加密套件适配转换；

（41）支持国密的区块链安全网络套件——国密TLS协议套件——SSL／TLSv1.1版本标准化服务接口；

（42）支持国密的区块链安全网络套件——国密TLS协议套件——SSL／TLSv1.2版本标准化服务接口；

（43）支持国密的区块链安全网络套件——国密TLS协议套件——SSL／TLSv1.3版本标准化服务接口；

（44）支持国密的区块链安全网络套件——国密RPC协议套件——支持国密的gRPC；

（45）支持国密的区块链安全网络套件——国密RPC协议套件——支持国密的Thrift；

（46）支持国密的区块链安全网络套件——国密RPC协议套件——支持国密的JsonRPC；

（47）支持国密的区块链安全网络套件——国密Gossip协议套件——支持国密的核心协议；

（48）支持国密的区块链安全网络套件——国密Gossip协议套件——异构加密套件适配转换；

（49）支持国密的区块链安全网络套件——国密Gossip协议套件——支持国密的标准

化服务接口。

2. 账本与交易管理及服务套件

（1）共识管理套件——共识核心算法——基于基本队列排序的简化共识算法；

（2）共识管理套件——共识核心算法——基于MQ（消息队列）原子排序的快速共识算法；

（3）共识管理套件——共识核心算法——基于实用拜占庭算法的容错共识算法；

（4）共识管理套件——共识服务——多共识配置与管理；

（5）共识管理套件——共识服务——多共识标准化应用接口；

（6）共识管理套件——交易排序服务——交易消息监听广播服务；

（7）共识管理套件——交易排序服务——交易排序共识发布服务；

（8）共识管理套件——交易排序服务——交易服务标准化应用接口；

（9）共识管理套件——共识网络服务套件；

（10）背书服务套件——背书策略核心算法——基于股权权重的背书算法；

（11）背书服务套件——背书策略核心算法——基于投票计票的背书算法；

（12）背书服务套件——背书策略核心算法——基于轮值领导者策略的背书算法；

（13）背书服务套件——背书服务——多算法配置与管理；

（14）背书服务套件——背书服务——多算法标准化应用接口；

（15）背书服务套件——背书网络服务套件；

（16）账本存储与管理套件——基础存储层服务套件——文件系统——驱动接口——Windows；

（17）账本存储与管理套件——基础存储层服务套件——文件系统——驱动接口——Linux；

（18）账本存储与管理套件——基础存储层服务套件——文件系统——CRUD服务；

（19）账本存储与管理套件——基础存储层服务套件——文件系统——Index服务；

（20）账本存储与管理套件——基础存储层服务套件——文件系统——分布式接口服务；

（21）账本存储与管理套件——数据安全服务套件——支持国密的数据加密套件；

（22）账本存储与管理套件——数据安全服务套件——支持国密的数据签名套件；

（23）账本存储与管理套件——数据安全服务套件——支持国密的数据摘要套件；

（24）账本存储与管理套件——区块链数据存储与管理—块数据存储与管理——文件系统存储；

（25）账本存储与管理套件——账本的分布式计算服务套件——交易状态机——容器执行器套件；

（26）账本存储与管理套件——账本的分布式计算服务套件——交易状态机——支持国密的安全通信模块；

（27）账本存储与管理套件——账本的分布式计算服务套件——交易状态机——支持国密的容器执行过程安全管理模块；

（28）账本存储与管理套件——交易流程管理——支持国密的交易提案；

（29）账本存储与管理套件——交易流程管理——支持国密的交易安全打包；

（30）账本存储与管理套件——交易流程管理——支持国密的交易验证；

（31）账本存储与管理套件——基础存储层服务套件——数据库存储——MySQL——驱动接口——Windows；

（32）账本存储与管理套件——基础存储层服务套件——数据库存储——MySQL——驱动接口——Linux；

（33）账本存储与管理套件——基础存储层服务套件——数据库存储——MySQL——CRUD服务；

（34）账本存储与管理套件——基础存储层服务套件——数据库存储——MongoDB——驱动接口——Windows；

（35）账本存储与管理套件——基础存储层服务套件——数据库存储——MongoDB——驱动接口——Linux；

（36）账本存储与管理套件——基础存储层服务套件——数据库存储——MongoDB——CRUD服务；

（37）账本存储与管理套件——基础存储层服务套件——数据库存储-ElasticSearch——驱动接口——Windows；

（38）账本存储与管理套件——基础存储层服务套件——数据库存储——ElasticSearch——驱动接口——Linux；

（39）账本存储与管理套件——基础存储层服务套件——数据库存储——ElasticSearch——CRUD服务；

（40）账本存储与管理套件——区块链数据存储与管理——块数据存储与管理——ElasticSearch存储；

（41）账本存储与管理套件——区块链数据存储与管理——块数据存储与管理——索引管理；

（42）账本存储与管理套件——区块链数据存储与管理——KeyHash存储与管理——MySQL存储；

（43）账本存储与管理套件——区块链数据存储与管理——KeyHash存储与管理——MongolDB存储；

（44）账本存储与管理套件——区块链数据存储与管理——KeyHash存储与管理——ElasticSearch存储；

（45）账本存储与管理套件——区块链数据存储与管理——HistoryIndex存储与管理——MySQL存储；

（46）账本存储与管理套件——区块链数据存储与管理——HistoryIndex存储与管理——MongolDB存储；

（47）账本存储与管理套件——区块链数据存储与管理——HistoryIndex存储与管理——ElasticSearch存储；

（48）账本存储与管理套件——区块链数据存储与管理——状态日志库存储与管理——MySQL存储：

（49）账本存储与管理套件——区块链数据存储与管理——状态日志库存储与管理——MongolDB存储；

（50）账本存储与管理套件——区块链数据存储与管理——状态日志库存储与管理——ElasticSearch存储。

3. 区块链成员管理及服务套件

（1）支持国密的CA服务套件——证书管理及服务套件——证书生成；

（2）支持国密的CA服务套件——证书管理及服务套件——证书销毁；

（3）支持国密的CA服务套件——证书管理及服务套件——证书存证；

（4）支持国密的CA服务套件——证书管理及服务套件——证书签名；

（5）支持国密的CA服务套件——证书管理及服务套件——密钥管理及服务；

（6）支持国密的CA服务套件——CA核心服务；

（7）成员管理基础公用接口套件；

（8）组织管理基础公用接口套件；

（9）权限管理基础公用接口套件。

4. 智能合约管理及服务套件

（1）支持国密的智能合约管理及服务套件；

（2）支持国密的智能合约开发套件——Go套件；

（3）支持国密的智能合约开发套件——Java套件包。

5. 区块链联盟管理及服务套件

（1）联盟管理及服务——联盟生成；

（2）联盟管理及服务——联盟管理；

（3）联盟管理及服务——联盟存证；

（4）联盟管理及服务——成员管理；

（5）联盟管理及服务——权限管理；

（6）联盟链管理及服务——联盟链生成；

（7）联盟链管理及服务——联盟链管理；

（8）联盟链管理及服务——联盟链成员管理；

（9）联盟链管理及服务——联盟链权限管理。

6. 跨链交互管理及服务套件

（1）主子链跨链架构；

（2）新增、删除子链功能；

（3）跨链通信通道建设；

（4）跨链配置；

（5）跨链管理。

7. 区块链功能节点服务套件

（1）共识服务节点——支持国密的QBFT共识节点；

（2）共识服务节点——支持国密的MQ共识节点；

（3）记账节点——通用记账节点；

（4）记账节点——支持动态缓存技术的应用记账节点；

（5）记账节点——支持负载平衡技术的高性能应用记账多节点集群；

（6）记账节点——记账节点存储接口；

（7）背书服务节点——支持国密的背书服务节点；

（8）背书服务节点——支持国密的客户端节点；

（9）背书服务节点——支持服务的CA服务节点。

8. 应用支持与管理服务套件

（1）命令行服务——命令构造与解析套件；

（2）命令行服务——支持国密的命令调用；

（3）命令行服务——支持国密的数据传输；

（4）命令行服务——命令行服务客户端组件；

（5）支持国密的管理服务组件；

（6）支持国密的客户端套件。

3.3.6 数字消防区块链公共组件

基于支持国密标准的区块链基础核心套件，定制开发提供包括用户注册管理、客户端管理、节点配置管理、链上操作、事件中心、加密套件、成员服务、存储接口、文件存储、数据库存储、智能合约管理、权限控制等在内的区块链公共基础组件，为区块链系统上层应用提供标准接口。

1. 用户注册管理功能组件

（1）用户登记：用户提出注册申请，填写注册用户信息，提交申请；

（2）设置用户名：根据用户提出申请的信息检查用户名是否为合法用户名，如果不合法则返回错误提示，合法则检查该用户名是否重载重复；

（3）获取用户名：检查用户名合法之后获取最终的用户名，保存到数据库中；

（4）设置用户角色：根据用户的申请信息检查用户所申请角色权限是否满足申请条件，若满足则记录角色信息到数据表中；

（5）获取用户角色：根据用户信息数据表中获取用户角色；

（6）设置登记证书：根据用户角色信息来设置等级证书的对应属性，向根证书申请证书文件；

（7）获取登记证书：将根证书颁发的等级证书文件保存到本地服务器数据库中；

（8）生成交易证书：根据实际申请的交易使用本地用户的证书文件来生成交易证书文件。

2. 客户端管理功能组件

（1）设置用户信息：通过用户注册登记的信息生成用户信息；

（2）获取用户信息：客户端获取对应的用户信息，准备下一步操作；

（3）新建链：通过用户信息新建链，完成链接；

（4）获取链：客户端获取用户信息生成的链，得到链上信息；

（5）获取存储状态：客户端查看链的储存状态，容量问题，是否保存成功；

（6）获取加密套件：客户端通过链获取加密信息、证书等一系列链上操作需要的事物；

（7）查询链信息等功能接口：客户端连接各种查询接口，以便查询链上信息。

3. 区块链节点配置管理功能组件

（1）背书者角色：确定背书人是哪个用户，应用到系统中；

（2）提交者角色：确定提交者是哪个用户，应用到系统中；

（3）设置节点名：通过背书人和提交者设置节点名，并保存在节点管理中；

（4）获取节点名：收到各个节点的名字，保存；

（5）设置节点角色：根据不同节点设置节点角色，按需求设置；

（6）获取节点角色：设置成功后，保存在管理中；

（7）设置登记证书：通过上面节点角色，设置证书；

（8）获取登记证书：保存并完善证书；

（9）连接事件源：链上发生的事情和节点角色证书连接；

（10）事件监听（业务事件／系统事件）随时监听是否有业务事件或者系统事件发生；

（11）增加监听者：编写增加监听者的相关规则，比如什么时候、在什么样的状态下等条件来逻辑判断增加监听者；

（12）移除监听者：编写相关的规则来判断是否移除监听者，比如监听者在超过一定的阀值的情况下，移除监听者；

（13）广播客户端：广播算法以及加密协议；

（14）发送广播：配置每个组织中的锚节点及其相应的广播算法；

（15）获取地址：编写地址与名字的相关映射规则；

（16）设置tls证书：根据业务的逻辑判断来设置tls证书；

（17）获取tls证书：在某些场景中需要获取tls证书，比如用户登录、注册用户等场景。

4．链上操作功能组件

（1）设置链名：通过sdk来开发用户自定义的链码名字；

（2）初始化链：通过go语言开发基于实际应用的链码，并将其打包。再将其交由java—sdk开发的功能模块来初始化；

（3）更新链：将一定时间段内的交易打包，并根据上一个区块的信息生成一个新区块；

（4）链是否只读：根据用户的权限对链进行查询；

（5）安全使能：启用安全模式。使用交易证书生成一个基于椭圆曲线的数字签名，所有链代码调用事务中都会发送该签名。各个对等节点都将使用这个交易证书来验证调用方；

（6）交易证书批量规模：获取交易证书批量请求中包含的要返回的交易证书数量；

（7）设备模式：使用dev模式启动节点；

（8）客户端上下文：客户端应用程序启动命令的上下文；

（9）增加交易节点：通过获取当前节点的配置信息，并将新的交易节点信息加入进去，并重新更新节点配置信息；

（10）移除交易节点：通过获取当前区块的配置信息，将其中不需要的交易节点移除，并更新节点配置信息；

（11）获取交易节点：通过当前的区块配置信息来获取已存在链上交易区块中的交易节点；

（12）获取共识节点：通过当前的区块配置信息来获取已存在链上交易区块中的共识节点；

（13）增加共识节点：通过获取当前区快的配置信息，并将新的共识节点信息加入进去，并重新更新区块配置信息；

（14）移除共识节点：通过获取当前区块的配置信息，将其中不需要的共识节点移除，并更新节点配置信息；

（15）信息查询：用户通过发送查询请求来获取当前链的区块高度等信息；

（16）区块查询：根据指定的区块号或区块高度获取指定区块的相关信息；

（17）交易查询：根据用户输入的信息，通过java—SDK开发功能模块来调用对应的信息，并将其整合之后，有序地输出到客户端；

（18）创建部署请求：用户通过发起创建部署请求，后台根据请求生成部署信息，并将其发送给用户，等待用户确认部署信息，开始进行部署；

（19）创建交易提议：用户创建交易提议，后台根据提议信息，判断是否符合条件，不符合则拒绝创建，并返回消息给用户；

（20）发送交易提议：创建交易提议后，将交易提议发送给每个节点，再由每个节点进行背书，并将结果返回给客户端；

（21）创建交易：客户端通过判断返回来的消息来决定是否创建交易；

（22）发送交易：创建交易后，客户端将交易发送出去，再由每个节点进行备份，并更新当前区块。

5. 事件中心功能组件

（1）系统事件：区块事件+交易事件

包括新建事件、设置节点地址、上下文、连接、注册、注销，贯穿于其他各个组件中，为各个组件间的异步通信提供技术实现。

（2）业务事件：链码事件

包括新建事件、设置节点地址、上下文、连接、注册、注销，贯穿于其他各个组件中，为各个组件间的异步通信提供技术实现。

6. 加密套件调用功能组件

（1）加密：将各种加密算法的加密功能进行封装，为上层应用提供接口；

（2）解密：将各种加密算法的解密功能进行封装，为上层应用提供接口；

（3）签名：以非对称加密算法私钥对信息摘要进行签名；

（4）密钥生成：包括对称加密、非对称加密算法的密钥生成。

7. 成员服务功能组件

（1）登记证书认证客户端：生成数字证书来标识和管理成员的身份，完成会员注册、身份保护、内容保密、交易审计功能，以保证平台访问的安全性；

（2）交易证书认证客户端：检验此次交易提交的证书信息是否合法，如果不合法就拒绝此次交易并返回错误信息给用户；

（3）传输加密证书认证客户端：检验此次交易的传输加密证书是否正确，若不正确则拒绝建立连接；

（4）注册：通过给定的根证书来为成员注册身份信息；

（5）登记：将注册的身份信息保存到本地服务器的数据库中，调用时从数据库中读取；

（6）挂起：对于某些缺少某种资源而导致任务不响应的请求暂时挂起；

（7）激活：当挂起的任务获得缺少的资源时，此任务被激活执行。

8．存储接口功能组件

（1）设置键值：设置一个关键值，以用于存储信息记录；

（2）获取键值：获取到一个关键值，以用来查找与关键值相关联的信息记录；

（3）加载配置文件：通过加载存储接口的配置文件，用来和相对应的存储数据库进行交互；

（4）通过字节数组信息获取私钥：通过字节数组信息，加密函数将字节数组信息转化为私钥信息，获取到私钥信息后，用户获得相对应的操作权限；

（5）存储登记：将当前的存储行为形成一条新的记录，进行存储行为的登记。

9．文件存储功能组件

文件路径：数据文件的物理存储地址。

10．数据库存储功能组件

（1）数据库文件地址：数据文件的物理存储地址；

（2）数据库凭证：使用数据库读取的凭证，以提升数据的安全性。

11．智能合约管理功能组件

（1）智能合约名称设置：根据实际应用需求或智能合约的主要功能直观地命名智能合约，在保证可读性的前提下简短地命名；

（2）智能合约创建：根据应用场景和实际业务需求开发高效的智能合约；

（3）智能合约安装路径：根据项目整体规划以及智能合约的整体功能开发架构确定合理的安装路径，可以根据功能或应用场景划分不同的路径及子路径；

（4）智能合约参数配置：根据项目整体规划以及智能合约的整体功能开发架构，合理地确定智能合约的各项参数和配置；

（5）智能合约版本号：根据当前智能合约的开发、修改、更新来同步更新智能合约的版本号；

（6）获取链码：根据链码的路径、名称、版本号、参数配置等信息获取指定的链码；

（7）获取链码识别号：根据链码的路径、名称、版本号、参数配置等信息获取指定的链码的识别号；

（8）获取组织：通过读取链的网络的配置文件来获取组织；

（9）获取通道：通过读取链的网络的配置文件来获取通道；

（10）设置用户上下文：智能合约与其他模块的交互行为信息；

（11）文件存储：通过使用智能合约来对文件进行存储和读写，以延长系统的生命周期；

（12）设置属性：根据智能合约的功能对智能合约进行分类并设置相应属性；

（13）设置加密套件：智能合约中数据信息的加密方式；

（14）执行智能合约操作等待时间：根据智能合约的实际操作和测试来设置合理的操作等待时间；

（15）执行智能合约实例等待时间：根据智能合约的实际操作和测试来设置合理的实例等待时间；

（16）智能合约操作控制器管理：智能合约的总体控制器，用于管理智能合约的行为信息；

（17）注册区块监听：在智能合约中添加区块监听代码，以实时监控区块信息。

12. 权限控制功能组件

（1）用户标签设置：在申请用户时，设置不同的用户标签；

（2）链码调用权限：链码执行时先获取对应标签，继而实现链码调用权限验证；

（3）执行交易权限：在交易过程中，背书者判断用户是否有权限来执行其选择的交易，若没有则拒绝交易；

（4）交易写入权限：在共识过程中，同样会判断用户是否有写的权限，若没有则交易不允许打包进区块。

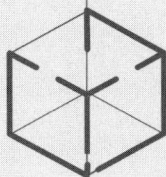

第**4**章

数字消防与物联网

- 概述

- 建设目标

- 建设内容

- 平台运营管理模式

- 总体架构图

- 技术路线

- 详细建设内容

4.1
概述

近年来，随着社会的发展进步，城市高层、大型建筑和各类场所单位日益增多，消防安全形势异常严峻，消防安全监督管理部门人员有限，消防安全监管缺乏有效的技术手段支撑和社会化手段配合，无法及时发现、消除、整改重大火险隐患，火灾风险的发生概率居高不下。

2016年6月，公安部消防局召开了"全国创新消防管理暨2016年防火监督工作会议"，会议强调了"数字消防"的创新实践，充分凸显"防消互联"理念，通过现代科技的深度应用，有效打通了消防安全责任落实的"最后一公里"，将消防社会化工作格局提升到一个新的高度，代表着消防工作未来转型发展的方向，也为平安中国建设增添了新的助推力量。公安部消防局《2017年消防工作总体思路和重点工作》中强调消防工作要"加快构建基于大数据、依托'智慧城市'、综治网络社会化消防安全管理平台"，"借助公安视频监控平台、社会单位视频平台等，推动建设可视化的火灾监控系统"。《公安消防"四项建设"三年规划》（公消〔2015〕63号）中指出"依托'智慧城市'建设，充分利用公安视频图像等资源，开展城市消防物联网远程监控系统示范建设，并推动纳入综治平台同步建设"。所以消防安全平台统一规划、基于大数据分析、消防与视频结合是建设消防物联网远程监控系统的三个必要条件。2017年10月10日公安部发布《关于全面推进"数字消防"建设的指导意见》，要求在全面推进"数字消防"建设的基础上，按照"急需先建、内外共建"的方式，重点抓好城市消防物联网监控系统、基于"大数据""一张图"的实战指挥平台、高层住宅数字消防预警系统、数字化预案编制和管理应用平台、"智慧"社会消防安全管理系统等"五大项目"建设内容。2019年中央政治局就我国应急管理体系和能力建设进行第十九次集体学习时，习近平总书记强调，各级党委和政府要切实担负起"促一方发展、保一方平安"的政治责任……衔接好"防"和"救"的责任链条，确保责任链条无缝对接，形成整体合力。在消防领域、区块链赋能下的数字消防将呈现全新的样貌。充分把握新基建转型机遇，将传统领域消防产业"上云入链"，从产品技术创新、组织管理和发展模式等多维度重塑消防事业，形成我国自有知识产权的核心技术与高度创新和深度实践的新型发展模式，并与世界分享中国在数字消防领域发展中的成功经验和领先成果，才能够真正创建万物互联、数字可信、资源共享的数字消防生态体系。

4.2
建设目标

综合运用物联网、区块链、云计算、大数据、移动互联网等新兴信息技术，加快推进"数字消防"建设，全面促进信息化与消防业务工作的深度融合，为构建立体化、全覆盖的社会火灾防控体系，打造符合实战要求的现代消防警务勤务机制，全面提升社会火灾防控能力、灭火救援能力和管理水平，实现"传统消防"向"现代消防"的转变。为消防安全提供进一步的保障，以全面提升消防安全管理和综合监测能力，以加快城市消防监督智能化为手段，以城市消防安全管理为重点，突出需求主导，力求先进实用，以贯彻"创新、协调、绿色、开放、共享"发展理念为基础，以落实新形势下城市消防安全战略、全面提升城市消防宏观调控水平、增强城市消防安全在线检测能力为目标，为构建城市安全智能保障体系，为"智慧城市、数字消防"的建设提供基础保障。

4.3
建设内容

基于区块链的城市消防综合信息服务平台（数字消防）立足于"物联网监测、可视化监控、行政监管、服务、公众监督、消防教育"的整体建设体系，涵盖了消防安全监管服务的各方面业务及用户对象。因此，数字消防的主要建设内容包括：

物联网及可视化监测平台建设。主要用于对消防重点单位的基本信息、消防设备设施信息、物联网传感监测信息、可视化视频监控信息等进行管理建设。

消防安全监管平台建设。主要用于消防安全行政监管部门对设防设备设施、消防社会化技术服务企业（维保、检测、评估等）及个人、消防企业技术服务过程、消防群防群治等进行统一监管。

消防技术服务平台建设。主要用于为消防社会化技术服务企业日常的工作（维保、检测、评估等）计划派工、作业过程、资料上传等业务提供信息化管理工具，加强消防技术服务作业的规范性和效率。

消防安全社会公众监督平台建设。该平台主要是将社会公众一同纳入整个城市消防安全监管监督体系当中，既满足社会公众对消防监管和技术服务的知情权，又让公众参与到消防安全监督管理中，在一定程度上弥补消防安全监管工作的不足。

消防教育培训平台建设。该平台主要用于为消防技术服务企业、社会单位、消防人员、公众等提供在线消防学习培训和考试平台，并授权发放考试通过资格证书，作为企业和个人持证上岗的保障依据。另外，平台还免费向社会公众开放消防公益培训课程，鼓励和支持社会公众共同参与。

图4-1展示了具体的城市消防综合信息服务平台（数字消防）的功能结构。

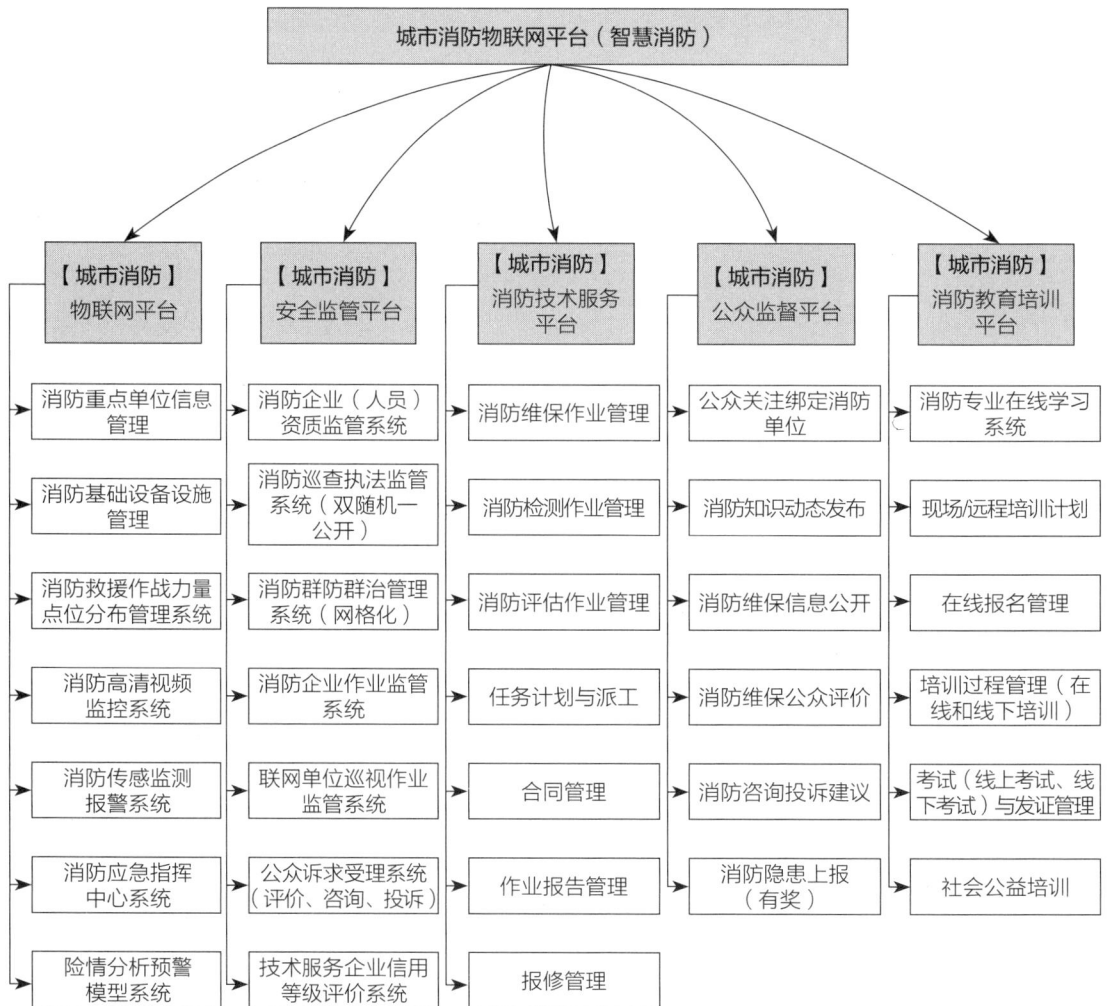

图 4-1 城市消防综合信息服务平台（智慧消防）功能结构图

4.4
平台运营管理模式

4.4.1 "谁维保、谁联网"原则

推行消防设施维护保养配套物联网监测服务模式，其技术服务机构，一是对社会单位消防设施是否接入消防物联网负有责任；二是平台运营管理服务商对联网单位消防设施完好度负有监测责任。

平台运营管理服务商通过物联网对服务对象消防设施进行24小时不间断监测，第一时间派专业技术人员处理消防设施故障，形成社会单位、维保机构、平台运营管理服务商、消防部门"四位一体"的建筑消防设施责任闭环，实现社会单位消防设施设备精准管控。

同时推进社会单位消防联网的相关政策，如联网单位可适当减少消控室工作人员数量等，将各社会单位消防设施接入物联网的思路从以往的"要我建"转变为"我要建"。

4.4.2 构建责任闭环精准管理体系

在全国推行基于区块链的数字消防产业-1层区块链Underground Layer可信基础链生态体系，制定公布全国统一标准的数据接口，构建省级"数字消防"生态平台，建设或升级已建成的各地、市、区的消防物联网监测平台，整合区块链、新一代通信技术、北斗系统、人工智能等新数字技术，与城市第三方物联网监测服务平台对接联网、互联互通，监测社会单位消防设施运行状态。主要实现三个监管目标：

1. "上云入链"精准管服

通过引导社会单位推行"上云入链"的科技创新，对社会单位消防设备设施完好程度及社会单位联网数量等数据归集，不仅保障数据的真实、可信，而且降低运维成本，实现精准监管与服务。

2. "新基建"赋能消控中心实现无人值守

消防控制室是社会单位消防控制中心，是确保消防系统和设施良好运行的保证。针对消防控制室"动态管理难、无证上岗多、人员流动大"的特点和消防职业技能鉴定工作的延伸，通过消控室人员管理系统，实现消防控制室值班人员管理和持证上岗工作。从监管单位瞄准管理终端，通过人工智能实现对消控室人员持证、人员流向、结构比例、执业能力水平等情况的系统在线查询与抽检，过渡到通过"新基建"的区块链、新一代网络通

信、人工智能、边缘计算等技术融合应用,逐步实现消控中心值守管理由机器人替代,实现无人值守的变革。

3. 监管部门的网格化监管

"网格化管理"+"线上考核",赋予"三类网格员"消防检查和消防宣传的职能。乡镇街道是大网格,社区村组是中网格,居民楼院和村民小组是小网格。小网格员每周有三项任务,分别是开展1次消防检查、1次消防宣传和1次消防信息采集,小网格员将发现解决不了的火灾隐患报给中网格,中网格解决不了的移交给大网格。可实时掌握网格内人口居住情况,排摸群租房、棚户区等火灾易发高发场所或孤寡老人、外来务工人员等需要加强消防宣传的重点人群,有针对性地指导乡镇街道、村组社区开展消防网格化工作。

同时,通过线上"双随机、一公开",监督管理消防工作落实情况,同步利用视频系统公布抽查结果。

4.5
总体架构图

参考《国家电子政务总体框架》的有关要求,结合当前消防监管现状的实际情况及发展需求,项目总体架构设计如图4-2所示。

图 4-2 组织架构图

4.6
技术路线

4.6.1　服务渠道层

1. 接入终端设计

本平台建设界面主要采用B/S架构，本平台建设支持多种接入方式：

PC端：主要接入终端为PC机，通过互联网接入系统。

移动端：定制开发基于Android系统的移动端APP以及微信公众平台。手机通过移动互联网接入系统。

2. 发布渠道设计

本平台的信息发布，主要通过微信公众平台及微网站进行发布。社会公众只需关注微信公众号，绑定相应的消防设备设施编码，在消防维保结束后，维保结果信息将推送至社会公众的手机微信中。

4.6.2　应用系统层技术路线

系统设计采用与研发遵循国家标准及行业相关标准规范。系统采用J2EE设计架构，满足Windows操作系统应用环境的要求。

采用BWAD多层应用体系架构设计和部署。支持多种应用中间件，例如Apache Tomcat等。

数据库方面采用目前业务最流行的Oracle数据库作为统一的数据存储系统。

SOA架构：面向服务的体系结构（SOA）是一个组件模型，它将应用程序的不同功能单元（称为服务）通过这些服务之间定义良好的接口和契约联系起来。接口是采用中立的方式进行定义的，它独立于实现服务的硬件平台、操作系统和编程语言，这使得构建在各种这样的系统中的服务可以以一种统一和通用的方式进行交互。Web Service技术成为行业内容公认的实现面向服务的应用体系架构的基础技术，各类开发工具、系统软件开始广泛地支持Web服务，使得开发一个Web服务接口（服务提供方）和实现对接口的访问（服务消费方）都成为一件可行的事情。

数据交换过程，采用XML的数据传输格式。

4.6.3 应用支撑层技术路线

1. 服务接口技术路线

应用支撑层的服务接口技术采用Web Service技术实现数据对接获取。

2. 服务构件技术路线

平台的服务构件主要采用如下：

采用Oracle、MySQL等关系型数据库系统作为数据存储系统；

采用TOMCAT等中间件作为Web容器。

4.6.4 数据层技术路线

1. 数据存储和交换格式类型

数据存储采用关系型数据库进行存储。

交换格式类型包括：JASON数据格式；API数据接口格式；XML数据格式。

2. 数据库开发技术

数据库采用Oracle或MySQL作为数据存储系统。

3. 政务信息资源目录和交换系统对接技术方案

目前平台方案设计中，涉及政务信息资源目录和交换系统对接的，主要与各个城市消防支队或省消防总队原有的消防安全监管平台、智慧城市中各城区的公共安全监管平台进行对接，以获取消防安全监管相关的基础数据。对接方式可采取数据接口实时获取或移动物联网、通信公网和北斗系统等报送方式。

4.6.5 基础设施层

以下五个方面，包括网络系统设计、主机和存储系统设计、机房及配套设计、防雷消防设计、大数据中心安全设计等"新基建"的基础设施建设等，均依托智慧城市中各个专项领域的各行各业分布式的数据监管平台，以区块链技术融合新型数字技术和创新基础设施为支撑，充分利用现有的政务云平台的建设成果，互联共享、共管，并与社会公共安全网信侦管部门多维融合，保障大数据中心的信息与数据的绝对可信与安全。

4.7
详细建设内容

4.7.1 物联网及可视化监控平台

消防物联网及可视化监控平台，主要包括消防重点单位的物联网环境监测、可视化高清视频监控等两部分内容，以及在这两部分内容基础上的功能细化和扩展。具体功能明细如下：

1. 消防重点单位信息管理

主要包括消防重点单位名称，单位性质、地址、地理坐标定位，消防负责人、联系方式，建筑物（楼栋数、楼层数），建筑面积，建筑平面图纸，现有消防设备设施（关联消防基础设备设施管理模块），消防巡查员、联系方式等。

系统建成后，将通过在线GIS地图（百度、高德、北斗等）将消防重点单位的位置、具体消防信息在大屏上进行分布式显示。

2. 消防基础设备设施管理

消防基础设备设施，主要分为四大块：水、电、灭火设备、自动报警系统。

消防设施及部件管理主要实现火灾自动报警系统、消防水源、室外消火栓、室内消火栓系统、自动喷水灭火系统、水喷雾灭火系统、气体灭火系统、泡沫灭火系统、干粉灭火系统、防排烟系统、防火门及卷帘、消防应急广播、应急照明及疏散指示标志、消防电源、灭火器等的信息管理功能。

消防设施部件信息要素包括部件名称、部件编码、部件类型、部件位置信息、部件区号、部件回路号、部件位号、生产公司、生产日期、报废日期、部件型号、部件规格、部件状态、部件位置（经纬度）、所属报警主机、所属传输装置、所属单位、所属建筑物、所属楼层、图纸等信息。

3. 消防救援作战力量点位分布系统

（1）消防救援人员基础信息

支持消防救援人员力量数据采集，包括支队、大队、站信息，以及大队下的大队领导（大队长姓名、联系电话，副大队长姓名、联系电话，教导员姓名、联系电话），消防站（站长姓名、联系电话，副站长姓名、联系电话，指导员姓名、联系电话）；街道下的专职消防队、兼职消防队等信息。

（2）救援装备力量（消防车辆、消防器材等）

支持救援装备力量数据采集，包括消防站布点在地图上的位置，以及统计每个消防站的消防员人数、消防车总数、灭火类消防车总数、举高类消防车总数、专勤类消防车总数、专勤保障类消防车总数以及其他类消防车总数。

4. 消防高清视频监控系统

针对消防重点单位（联网单位）的高清视频监控系统，主要建设内容包括：

（1）高清摄像机：球型摄像机——可变换拍摄角度；枪型摄像机——固定角度；热成像温度感应摄像机；

（2）硬盘录像机（NVR）、监控级大容量硬盘；

（3）交换机：用于对NVR、摄像机进行局域网组网；

（4）视频监控服务器（含监控软件）：用于对各个消防重点单位的所有NVR视频采集数据进行汇总和统一管理；

（5）流媒体服务器：实现在线监控视频播放。

5. 消防传感监测报警系统

针对消防重点单位的传感监测报警系统，主要包括：

（1）温度感应器：采集空间内的温度；

（2）湿度感应器：采集空气湿度；

（3）烟雾（或气体）感应器：采集空气中的烟雾气体浓度；

（4）终端报警设备：通过后端对传感监测数据分析后回传报警信息，也可通过终端进行初步数据分析报警；

（5）前置传感数据采集中控：接入温度感应器、湿度感应器、烟雾感应器等，获取传感终端采集到的数据，并统一报送到数据采集服务器进行存储；

（6）数据采集存储服务器：用于存储终端采集到的各种环境监测数据；

（7）监测数据分析报警服务器：对终端采集数据进行阈值分析比对，形成报警信息并回传。

6. 消防应急指挥中心系统

应急指挥中心系统，主要包含硬件和软件两部分：

（1）应急指挥大屏（硬件）：通过多块LED大屏，也可用（例如46英寸屏幕，3×3、4×4等组合）在指挥中心墙壁上拼接成大屏，实现大屏显示和分屏显示，可直观显示全国各个城市消防安全汇总统计分析报告、消防安全动态、报警信息、现场视频监控等。

（2）应急指挥监测平台软件（一张图），可实现全国、各省、市、区消防安全动态点位分布查询、消防安全动态监测信息显示、统计图表展示等。并对接其他各个业务功能板块，实现数据共享、互联互通、安全溯源、不可篡改、智能合约地使用调用接入。

7. 险情分析预警模型系统（大数据分析）

（1）通过对大量的历史险情数据进行汇总、分布、排列，呈现出险情发生的特征、规律，并在此基础上进行险情类别归类与可信计算。

（2）在大数据分析归类的基础上，建立险情分析规则（包括险情前期、中期、后期的特征规则），对平台已采集到的疑似险情数据结合险情分析规则进行人工智能与边缘计算、综合与显微分析比对，得出疑似险情的风险系数，并据此发出对应等级的预警和告警信息。

4.7.2 消防安全监管平台

1. 消防技术服务企业及人员资质监管系统

（1）针对提供消防社会化服务的企业的基本信息、变更情况、资质有效期、资质审批等情况进行统一管理，企业类型包括维保企业、检测企业、评估企业。

（2）对消防技术服务人员的基本信息、挂靠单位情况、变更情况、持证信息、证照有效期等情况进行统一管理。包括消防维保人员、消防检测人员、消防评估人员，以及人员持有的证书类型。

2. 消防技术服务企业作业监管系统

对消防技术服务企业的作业过程进行监管。

（1）合同监管：是否与服务对象签订正式、真实、有效的合同，扫描件是否上传。

（2）任务计划监管：是否按照国家及地方法律法规制订符合规范的消防技术服务计划，计划是否上传。

（3）作业过程监管：是否按照计划安排进行现场消防服务，服务过程是否完整记录、拍照。

（4）作业报告监管：是否按照技术服务规范形成作业报告，以及报告是否有完整的作业人员签字、服务对象签字或盖章，报告是否上传到指定网站平台等。

（5）服务反馈监管：服务作业完成后，是否定期回访，是否对服务对象的后续服务请求进行受理和反馈。

3. 联网单位巡查作业监管系统

对消防重点单位（联网单位）消防安全员的日常巡视过程进行监管。

（1）任务计划：是否设定任务计划、计划清单。

（2）巡视作业过程：是否按照计划及消防巡查规范进行巡视作业，作业过程是否进行完整记录和拍照。

（3）巡视作业报告：是否形成巡视作业报告和签字。

4. 消防巡查执法监督系统（双随机一公开）

（一）基础信息管理

（1）消防重点单位信息管理。按照现有消防重点单位建立检查对象名录库，涵盖本辖区内各类联网单位对象，并进行动态更新，确保抽查基数的准确性。同时，对联网单位在电子地图上进行坐标定位，并根据行政区划归属分布于地图上进行显示。

（2）执法人员信息管理。建立消防部门执法检查人员名录库。包括执法检查人员的基本情况、业务专长等信息，并根据实际情况定期进行更新。

（3）抽查事项清单管理（行政职权目录库）。以《国家应急管理部随机抽查事项清单》为基础，梳理本省级地方性法规、政府规章和依据《行政处罚法》规定交由消防部门行使的监管执法事项。包含特定抽查事项清单和随机抽查事项清单。

（4）随机抽查工作细则管理。制定随机抽查工作细则，作为开展抽查工作的操作性依据。抽查细则要统筹考虑各业务领域对联网单位和执法检查人员进行检查的重点内容和执行标准，内容包括检查对象名录库的范围、检查对象的抽取方式、各级执法检查人员的随机选派方式、各业务领域的检查标准和要点、检查形式等。

（5）文书模板管理。用于管理每个抽查事项所需使用的文书模板，可提供执法检查人员进行文书模板表格下载。

（6）法律法规库。包括国家、本省、本市颁布的消防应急管理法规、政府规章、政府条例等。

（二）抽查工作计划管理

（1）年度抽查计划管理

根据省级应急管理部门下发的年度抽查工作计划，结合市级情况，制定符合市消防安全管理秩序需求的年度抽查工作计划。

系统支持抽查工作计划按照省级应急管理部门格式要求进行表格等格式导出功能。

（2）双随机抽查批次管理

创建双随机抽查批次，随机选择抽查消防联网单位名单，随机选择执法检查人员名单，确定本批次的抽查类型明细、抽查周期等。

（3）抽查工作进度总览

在电子地图上显示所有抽查状态（包括未被抽查、抽查中、已抽查）的消防联网单位信息。电子地图提供行政区划、抽查年度、抽查批次、抽查类型等各种要素的查询检索条件。为了更好地显示某个时间点内的联网单位抽查状态，系统将通过图标颜色进行状态区分。

1）所有未被抽查的联网单位，按灰色图标显示。

2）当前抽查批次内且未完成抽查的联网单位，按黄色图标显示。

3）已完成抽查且抽查结果合格的联网单位，按绿色图标显示。

4）已完成抽查但抽查结果不合格的联网单位，按红色图标显示，并以高亮闪烁形式进行提醒。

（4）抽查工作计划预警管理

系统针对每个批次的抽查计划进行实时监控，对各种异常情况（如未按计划如期抽查、未上传抽查结果、抽查过程异常等）发出临界预警和超期（阈值）告警。提醒方式包括系统消息、手机短信、邮件等方式提醒。

（5）抽查结果管理

1）执法检查人员完成年度批次抽查计划后，将检查结果上报至系统中，包括抽查结果信息录入和抽查材料扫描上传。

2）抽查结果经审核确认无异常后归档，同时与省应急管理厅相关双随机抽查系统进行对接，实现年度抽查结果数据报送。

3）抽查结果公示

包括系统平台首页滚动公示、对接应急管理部门及政府相关门户网站进行公示、对接国家企业信用信息公示系统。

（三）市县两级联动管理

进行市县两级逻辑独立规划设计，使市、县（市、区）两级的应急管理部门能够独立进行双随机抽检监管工作管理。在系统逻辑层面业务相互独立的同时，又可进行市级年度计划下发和县级抽查结果上报，实现市县两级联动。

5．消防安全群防群治管理系统（上云入链网格化）

除了对消防重点单位进行安全监管外，还要对全社会、各省、市、区的所有单位、场所、设施等进行消防安全监督管控。应用区块链、人工智能等技术融合消防产业，以新型的数字技术和创新基础设施为支撑，积极推动消防产业"上云入链"与建立消防安全监管网格化平台，让各省、市以县（市、区）、乡镇（街道）、村（社区）等为基础"上云入链"网格单位，实现消防安全群防群治。

1）建立社区基础网格化档案，主要包括单位场所、消防设备设施、消防责任单位及个人等信息。

2）建立人工智能网络化日常消防安全巡检体系。

3）建立信息高速公路和智能合约体系，将消防工作计划、通知，以及消防日常工作内容的上传下达"上云入链"，也从法律上建立不可篡改、可溯源的事故责任证据链。

4）建立分布式去中心化的网格化考核体系。

5）建立消防网格化指导培训体系。

通过上述各种档案信息、消防作业指导体系的建立，辅以信息化管理功能，实现消防安全社区网格化升级"上云入链"监督管控，实现消防安全群防群治，在技术上规避数据造假、推卸安全责任等隐患发生，降低社会消防安全隐患和事故发生率。

6. 公众诉求受理反馈系统

针对通过来信、来电、来访，以及通过消防安全社会公众监督平台反馈来的公众诉求信息，在系统内进行登记和受理反馈。主要包括以下几个过程：

1）诉求登记：登记诉求件信息，来源包括来信、来电、来访、平台反馈等。

2）诉求转办：根据诉求件所属行政职权区域或具体业务归口部门，进行诉求件转办或移交其他职能部门。

3）诉求受理：受理诉求件信息，或不予以受理（根据法律法规条款决定）。

4）诉求办理反馈：对诉求件的整体办理过程进行反馈，以及向社会公开。

5）公众评议评价：接受社会公众对诉求反馈办理情况的满意度评价和留言。

7. 消防技术服务企业与维保技术人员信用评价系统（星级评价）

（1）维保单位质量信用档案管理

质量信用档案是技术服务单位与维保技术人员诚信档案基本信息，可用作单位与个人信用等级评定及公布处理，主要包括：

1）资质记录，列举每一家技术服务单位或个人所拥有的且在有效期内的各种资质证明资料信息。

2）良好行为记录，列举技术服务单位或个人在历年来存在的良好行为及奖励记录。

3）不良行为记录，列举技术服务单位或个人历年来存在的被投诉、举报或查处的各种不良行为记录及惩戒记录。

4）警示信息记录，列举消防部门对技术服务单位或个人出示的警示整改信息记录。

5）黑名单信息，列举严重违规、违法，且不再允许其进入消防安全技术服务行业领域的记录信息。

（2）质量信用分级管理

质量信用分级管理包括信用分级和信用评定原则管理。

1）信用分级：包括A、B、C、D四个等级的信用标准。

2）评定原则管理：记录评定原则条款信息。

（3）质量信用等级评定与调整

结合维保单位质量信用档案、质量信用分级管理等信息对技术服务单位进行质量信用等级进行评定与调整，主要功能包括：

1）信用等级评定（根据《技术服务单位信用质量等级评定表》的评定项进行评分定级）。

2）信用等级动态管理，包括等级调升、等级调降。

（4）质量信用分类监管

针对评定结果对各信用等级的技术服务单位采取相应的管理措施，包括A级激励、B级帮扶、C级警示、D级惩戒。

（5）信用信息公布与管理

技术服务单位及技术服务个人的信用评定信息可通过多种渠道进行发布，在本平台中可通过如下几种形式：

1）通过官网进行发布；

2）通过手机网站、微信公众平台进行发布。

（6）信用公众评议与统计分析

主要功能包括：

1）微信自动向关联用户推送技术服务评价征询（满意、基本满意和不满意）；

2）按技术服务单位、设备号、所在小区（建筑）和物业单位分类自动统计满意、基本满意、不满意及未评价的比例，通过大数据分析评判该技术服务单位的公众评议分，纳入信用监管。

4.7.3 消防技术服务机构管理平台

1. 消防维保作业管理系统

针对消防维保企业和维保技术员的作业管理系统，主要功能包括：

（1）维保合同管理：登记相应的合同基础信息，并对纸质合同拍照上传。

（2）任务计划管理：包括例行任务计划（系统支持批量生成任务计划）、临时任务计划。

（3）任务派工管理：技术服务企业将生成的维保任务计划下发至各个班组，由班组进行具体任务签收和执行。

（4）维保作业管理：维保技术人员通过手机APP开展维保任务作业，包括任务签收、现场签到、维保事项检查记录和确认、现场拍照、维保结果上传。

（5）生成作业报告：通过手机APP对每一次的维保作业过程生成详细的、固定格式的维保检查报告，并要求进行报告签字或盖章（可电子签名，也可纸质签名盖章并上传）。另外，作业报告需上传至政府相关信息平台。

（6）维保记录公示：针对每次维保作业结果要通过平台进行社会化公示。

2. 消防检测作业管理系统

针对消防检测企业的作业管理系统，主要功能包括：

（1）检测合同管理：登记相应的合同基础信息，并对纸质合同拍照上传。

（2）任务计划管理：根据合同生成检测任务计划，并下发至检测班组。

（3）检测作业管理：班组人员通过手机APP签收任务计划，并进行现场检测作业，检测过程要求记录签到、检测过程（记录及现场拍照）、检测结果上传等。

（4）检测报告上传：系统生成检测报告（或纸质检测报告），由检测人员和服务对象签字盖章，并拍照上传。

3. 消防评估工作管理系统

针对消防评估企业的作业管理系统，主要功能包括：

（1）评估合同管理：登记相应的合同基础信息，并对纸质合同拍照上传。

（2）任务计划管理：根据合同生成消防安全评估任务计划，并下发至安全评估班组。

（3）评估作业管理：班组人员通过手机APP签收任务计划，并进行现场消防安全评估作业，安全评估过程要求记录签到、评估过程（记录及现场拍照）、评估结果上传等。

（4）评估报告上传：系统生成评估报告（或纸质评估报告），由安全评估人员和服务对象签字盖章，并拍照上传。

4. 联网单位消防巡查管理系统

联网单位消防巡查管理系统，主要功能包括：

（1）日常巡查计划管理。

（2）巡查作业管理：对巡查对象明细、巡查现场情况进行记录和拍照，并上传。

（3）巡查作业报告上传：系统生成巡查报告，由巡查人员进行电子签名后提交上传。

4.7.4 消防安全社会公众监督平台

社会公众作为消防安全管理工作中重要的一环，为使其能够一同纳入消防安全监督监管体系中，以互联网为渠道，建立消防安全微信公众监督平台。具体功能如下：

（1）社会公众关注消防安全微信公众号，关联绑定关注的重点消防单位信息。可进行实名制认证（可选）。

（2）通过微信公众平台，消防主管部门可发布各种消防安全动态信息、消防宣传知识。

（3）技术服务企业通过消防技术服务平台进行作业管理的各种消防安全维保信息、消防安全检测信息、消防安全评估信息，经审核通过后发布到微信公众平台，让社会公众进行查看和评议。

（4）消防咨询投诉建议：为社会公众提供与消防安全相关的咨询投诉渠道，该渠道须经过实名认证、手机短信验证才可使用（防止恶意提交不实信息）。

（5）消防安全隐患举报（有奖举报）：为鼓励社会民众积极参与消防安全管理工作中，对一些重点场所的消防安全隐患，社会公众可进行"随手拍"举报隐患信息，平台经核实后，可随机对其进行一定的奖励（如微信红包）。

4.7.5 消防教育培训考试平台

消防教育培训考试平台，包含专业化培训、社会公益培训。

（一）专业化培训：针对消防技术服务人员的教育培训以及考试发证等，可通过在线教育培训平台来完成。

（1）在线报名：提供实名制在线报名，选择专业科目。

（2）在线学习：在线视频学习各专业课程。

（3）在线考试：提供海量的消防安全作业试题库，进行在线考试。

（4）现场考核：根据相关规定，消防技术服务人员除在线学习考试外，还需要进行现场实操，以获取实操得分。

（5）考试评分：根据在线考试得分、现场实操得分，进行综合评分。

（6）发证：综合考试成绩合格者，平台将生成唯一编号的固定格式证书，同时证书将对接传送到国家及省级相关专业技术人员库。

（二）社会公益培训：主要针对社会民众，提供社会化的消防安全知识宣传、推广与培训，通过形式多样的教学方式，提高社会民众对参与消防安全工作的兴趣，提升社会公众消防安全意识。

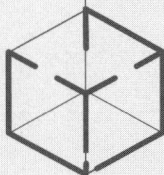

第 **5** 章

消防工程数字化管理

- 施工安全数字化管理

- 工程项目施工过程质量管理数字化

- 施工人员、设备材料数字化管理

- 施工过程资料数字化管理

- 重点施工项目移交流程数字化管理

5.1
施工安全数字化管理

施工安全管理，是施工管理者运用经济、法律、行政、技术、舆论、决策等手段，对人、物、环境等管理对象施加影响和控制，排除不安全因素，以达到安全生产目的的活动。

通过数字平台实现以下五点安全工作数字化：

（1）对建立的安全管理制度实行情况进行监管。

（2）对施工人员的安全生产教育，可通过数字平台进行定时投放定员考核。

（3）运用平台覆盖至每一个流动人员，促使用工关系、保险投保工作数字化，加强施工过程对员工的政策法规宣传，减少企业用工风险，降低企业管理成本。

（4）运用现场二维码系统，将施工项目重点安全监控作业面进行数字管理，使日常数据实时更新，随之生成的纸质文档二维码查询系统，使项目情况一目了然。

（5）平台在综合上述工作内容的情况下，可按既定的时点，生成相关周期的安全总结报告，发送至各相关人员。

5.2
工程项目施工过程质量管理数字化

工程质量管理是指为保证和提高工程质量，运用一整套质量管理体系、手段和方法所进行的系统管理活动。利用数字化管理平台的流程标准，可对质量管理过程的监督检查工作起到促进辅助作用。

5.2.1 决策阶段质量管理数字化工作

平台通过前期搜集的项目资料，在调查研究的基础上进行数据分析、比较，为项目的可行性和最佳方案提供完善的参考数据。

5.2.2 施工前质量管理数字化工作的重点

对平台录入项目合同、技术规范、供应单位的资质进行重新数据比对，通过数据比对发现隐患，并排除隐患。

5.2.3 施工过程质量管理的数字化辅助工作

平台将工程项目分部分项工作内容形成质量控制工序，并以此设置质量控制点。对工程质量的预控、需要质量检查工作内容、交工技术资料等纸质文档以扫描形式上传平台。

5.2.4 平台对竣工后工程质量管理的数字化工作

竣工检验。检查未完成的工作和缺陷，及时解决质量问题。制作竣工图等竣工资料。维修期内负有相应的维修责任。通过数字平台整合项目全过程资料为移交后续接收方做必要准备。

5.3
施工人员、设备材料数字化管理

人员数字化管理：结合平台考勤系统可对管理人员、施工人员、外包人员进行信息采集汇总。并对项目人员投保情况进行跟踪提醒，降低脱保风险。

平台通过预设的工程进度时点，结合平台进销存的数据为工程项目材料设备采购、进场提供预判数据，提高周转率、降低资金占用。

5.4
施工过程资料数字化管理

施工过程中操作者的自检、班组内互检、各个工序之间的交接检查、施工员的检查和质检员的巡视检查、监理和政府质检部门的检查资料等种类繁多。通过数字化建设可将众多表单与平台链接，并能提供相互归类定时提醒的服务功能。包括：

（1）各项材料、半成品、构配件、设备的质量检查，并检查相应的合格证、质量保证书和实验报告、分部分项质量验收、隐蔽验收等纸质文档质量检测资料可扫描备档上传平台。

（2）分项工程施工前的预检等工作可通过平台预设的工程进度设置提醒。

（3）过程中成品保护的要求、时点、规范等可通过平台传达各配合单位，以减少成品损失，并做到交接过程的数字留痕，以备纠纷后提供追诉依据。

5.5
重点施工项目移交流程数字化管理

重点工程项目所需移交的材料、设备产品出厂合格证或者检验证明，设备维修证明；施工记录；隐蔽工程验收记录；设计变更，技术核定，技术洽商；水、暖、电、声讯、设备的安装记录；质检报告；竣工图，竣工验收表等纸质文件扫描文档，通过平台进行汇总生成，并在平台上可随时调阅。

移交系统所需的培训工作可通过视频剪辑上传平台，供使用单位调阅学习。

项目移交后，通过平台设置时间节点对用户开展回访工作。保修期维护期内的定时回访工作，季节性、突发性的回访工作，都可以通过数字平台进行跟踪回访。

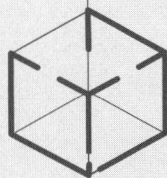

第 **6** 章

数字消防设施管理：古文化木制建筑防火涂料和可视图像早期火灾报警系统

● 古文化木制建筑防火涂料应用

● 可视图像早期火灾报警系统

6.1
古文化木制建筑防火涂料应用

6.1.1 饰面型纳米防火涂料

产品特性：

- 无色无味透明无烟木制结构专用纳米防火涂料。

- 原材料技术级别高：20000目纳米生产设备生产核心原材料。

- 防火性能达到世界先进水平（隧道等防火产品防火时间大于3小时，特殊用途建筑防火时间达到48小时以上）。

- 100%纯无机绿色环保产品，燃烧时不产生致命性有害气体（通过了小白鼠实验）；VOCs、甲醛等有害含量等于零。

- 与传统有机防火涂料相比，具有很高的成本优势。

- 抗紫外线、耐强酸强碱性能极其优秀，使用寿命达到10年以上（与有机涂料相比，具有极高的成本优势）。

- 可以有效绝热并延长油、化学品、建材等引起的各类火灾的耐火极限。

6.2
可视图像早期火灾报警系统

6.2.1 图像智能识别

图像探测原理基于图像处理的火灾监控系统，是一种以计算机为核心，结合光电成像技术和计算机图像处理技术的火灾自动监测处理系统。它利用摄像头对现场进行监视，同时对拍摄的连续图像由硬盘录像机转换为数字图像输入计算机，不断通过"火眼"软件进行图像处理和分析，从而进行早期报警。

6.2.2 适用性强、成本低

针对目前普遍采用的监控摄像平台，有多种接入方式，适用于各种模拟和高清视频监控系统。同时，用火灾图像探测（含火焰和烟雾）的高速高精度模式识别软件，实现火灾报警功能。通过与监控摄像平台的完美融合，可确保系统使用简单，成本低廉。

6.2.3 精度高、速度快

采用图像模式识别技术，在火灾形成的初期可同时探测监控摄像区域内的火焰和烟雾，并发出相应的预警至报警信号，无论是阴燃火灾还是明焰火火灾，都能做到迅速识别。传统点型感温探测器是通过感温元器件对环境温度进行探测的，需要环境温度达到报警值，一段时间内温升值达到设定值才进行报警，一般小火是无法探测到的，只有火势较大，环境温度有了很大变化后才能报警，这时候火灾已经形成。而图像火灾探测系统只要能捕捉到一定大小（火焰占屏幕比例约为0.5%）的疑似火情就可以实现报警，显然相比于点型感温、感烟探测器的探测模式，具有灵敏度高、响应时间短的优点。

6.2.4 抗干扰能力强

基于ISO标准开发的图像火灾探测软件，能够抵抗监控环境内的强光、弱光、闪光等光源干扰，适用于各种室内环境。如在烟草行业配送中心，传统的感烟、感温探测器、空气采样系统等在正式投入使用一年后，容易发生误报警或者不报警，而且这些探测器件误报后清理比较复杂；而图像火灾探测系统可以通过对形态的计算，能抵御在不同环境下的人为和场景干扰，具有强大的抗干扰能力，有效提升了烟草配送中心的安全保障能力。

6.2.5 火灾定位准确

图像探测软件配合视频监控系统能够自动判断火警的出现，并采取录像和拍照的方式保存报警时的现场状况。系统自动巡航，消防中控员可以通过本系统，准确判断起火点和起火物，快速采取有效措施扑灭初期火情，为突发火情的及时响应赢得了时间，提高了处置效率。相关视频或图像还将为事后分析火情提供第一手资料。

6.2.6 应用环境广泛

根据各行各业消防安全管理实际情况，搭建了多套数据分析模型，在信息机房、档案室、配电房、监控室、消防泵房、户外停车场、电动车充电间等重点部位和各种应用环境中，尤其是在传统报警系统无法安装或者报警响应迟缓的高大空间，通过实验测试，可视图像早期火灾报警系统均能够快速识别火情实时进行报警，有效提升各重点部位的消防管控水平和等级。

6.2.7 消除火警误报

传统火灾报警系统发出警报时，消防中控员需要对照报警地址编码找到报警区域确定报警地址，再通知巡查人员赶赴现场确认并进行处置以及是否启动灭火系统；如果同时在视频监控系统中安装火灾图像探测软件，就能在火灾报警时，由消防中控值班人员在视频图像上确认火警后，决定是否启动灭火系统，这样既不延误报警，又有效地避免了灭火系统的误动作可能带来的损失。

6.2.8 双保险作用凸显

配送中心高架库和联合工房都属于室内高大空间，其高度在15米至25米之间，传统点型感温火灾探测器和点型感烟探测器的探测效果与安装高度有很大关联。在高度超过12米的室内高大空间，只能安装红外或紫外对射火焰探测器，但系统的维护保养比较困难。如钢结构大空间红外会受其钢结构变化、沉降等原因，无法精确对射造成误报等。传统的火灾报警系统，通常都在火灾形成之后才能报警，可视图像早期火灾报警系统当初期火苗或者烟雾出现时，最快能够在10秒钟内视频弹窗报警，更适合安装在配送中心室内高大空间，在局部区域内替代火灾报警系统，也可在火灾报警系统的基础上起到双保险作用（图6-1）。

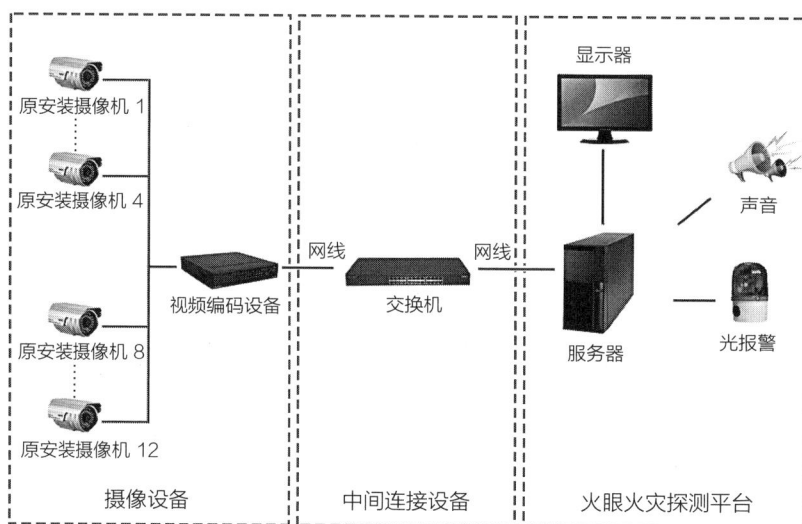

图6-1 系统设计示意图

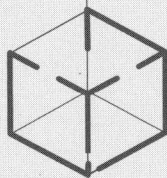

第 **7** 章

数字消防维保管理平台①

- 政策依据

- 平台功能与意义

- 使用对象

- 管理规则

- 应用设置

① 参考资料：福建省消防救援总队《关于启用"福建省消防技术服务信息平台"的通知》（闽消函〔2019〕201号）、《福建省消防技术服务信息平台消防技术服务机构操作手册》2019年12月版。

7.1
政策依据

2019年，中共中央办公厅、国务院办公厅下发《关于深化消防执法改革意见的相关要求》，要求规范消防技术服务从业行为，落实消防技术服务机构主体责任，推行数字消防新技术应用。

7.2
平台功能与意义

7.2.1 功能

消防技术服务机构基本从业条件信息公开，消防技术服务活动现场执业、消防救援部门对消防技术服务活动监督抽查以及社会单位对消防技术服务机构基本信息、消防技术服务活动的查询等，数字消防维保管理平台如图7-1所示。

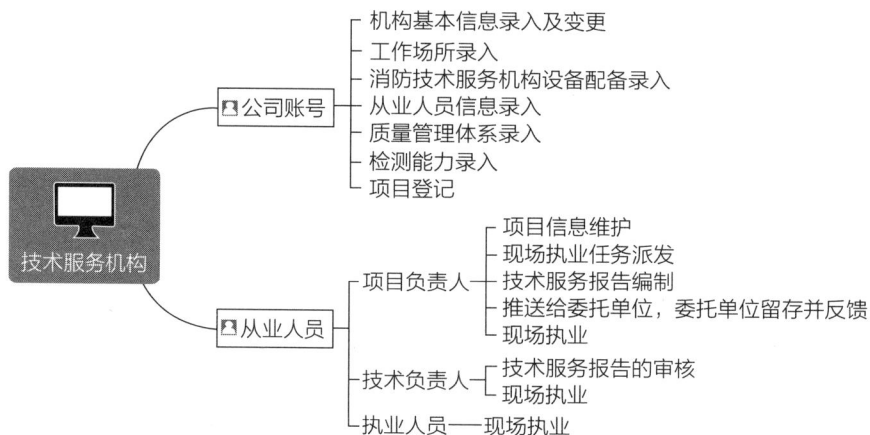

图 7-1　数字消防维保管理平台

7.2.2 意义

消防技术服务机构基本从业条件信息公开，消防技术服务活动现场执业全程痕迹化、流程化管理。为消防管理、社会单位以及技术服务机构提供更好的保障。

7.3
使用对象

为辖区内取得企业法人营业执照的消防技术服务机构和消防救援部门、社会单位、公众。

7.4
管理规则

实施星级评定（计分制），根据星级评定进行差异化对待。

7.5
应用设置

7.5.1 机构基本信息录入

消防服务机构基本信息需要上传：企业营业执照原件、法人身份证原件、从业人员身份证原件、从业人员资格证书原件。办公场所产权证书或租赁合同原件、消防技术服务机构设备检定证书或校准文件原件、评估软件购买发票原件、质量管理体系文件原件、检测能力文件原件。

1. 单位基本信息录入

包含法人及单位的基本信息。人像采集必须由本人亲自拍摄，不得拍摄照片进行上传。身份证必须拍摄身份证原件，不得拍摄身份证复印件上传。所填写的办公场所面积必须符合从业条件。产权证明或租赁合同必须逐页上传（PDF文件）。

2. 从业人员录入

按从业人员资质类别与数量进行评分制管理。每人分配平台账号。人像采集必须由本人亲自拍摄，不得拍摄照片进行上传。身份证必须拍摄身份证原件，不得拍摄身份证复印件上传。

3. 设备配备信息录入

根据设备种类、数量和设备参数进行评分制管理。

4. 质量管理体系录入

按ISO9001质量管理体系标准建立的质量管理、消防安全评估过程控制体系进行评分制管理。

5. 检测能力录入

按历史消防检查项目报告进行评分制管理。

7.5.2 项目登记

做完维保前检查后与业主签订维保合同。

维保前检查内容：参照目前全国在该内容上最完善的福建省《建筑消防设施维护保养报告》进行维保前检查。

注：看完新工地要在消防设施检测检修记录单上写明工地的详细情况与业主单位签订合同5日内必须进行项目登记。

项目登记用公司账号登录。

登记项目基本信息时候需明确项目负责人。

7.5.3 任务派发

任务派发由项目负责人执行。

给项目所涉及的专业分配相应执业人员。

7.5.4 现场执业

项目负责人分配现场执业任务后，相关执业人员用个人账号登录系统，领取任务。

执业人员领取任务后，分别按图7-2所展示的流程进行维保工作。

（1）现场执业前会采集人像及定位坐标，执业前需打开GPS定位功能，并保证在项目地500米范围之内。

（2）初次执业的坐标地址将会作为项目坐标保存，以后每次执业的位置都会与该坐标进行比较，坐标与人像比较通过开始执业。

（3）现场执业活动过程中，平台会在规定频次要求再次进行执业人员面部基本信息核验，以确保项目的真实性，如识别不通过，平台会中断执业活动。

（4）月检、季检、年检内容。

1. 系统月检

每月派维护人员到现场做相应月检及测试工作，发现问题及时解决，并出具专业技术服务报告。

具体工作内容：

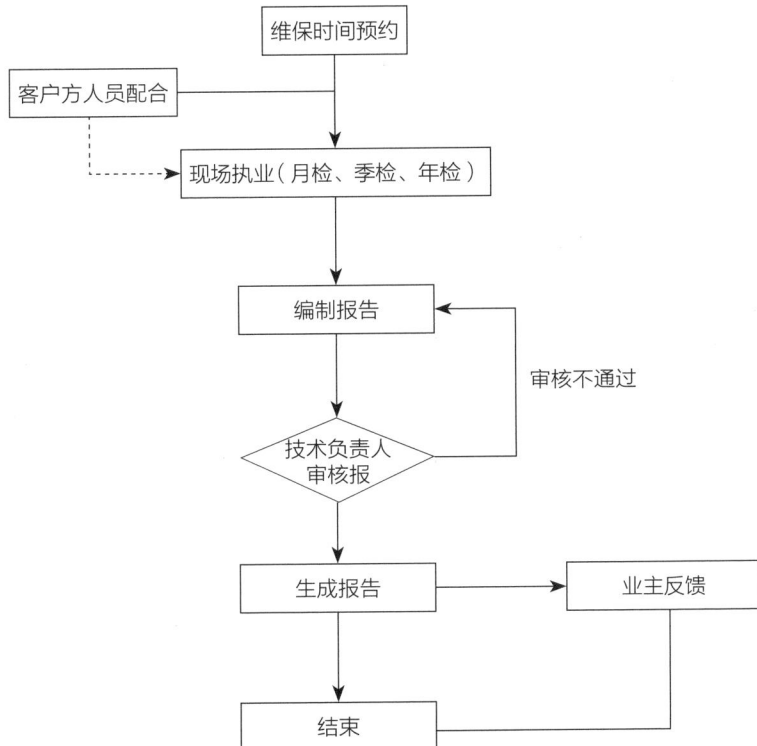

图 7-2　现场执业流程

（1）火灾自动报警联动控制系统、CRT图形显示装置

1）对控制室消防主机每月进行除尘保养，检查火灾报警控制器、联动控制器、通信控制器、探测器、CRT、手报按钮、消火栓按钮、燃气报警器、主备电切换等是否工作正常。

2）每月各种火灾探测器（不少于10个点）采用专用检测设备对控制器进行模拟火灾响应试验和故障报警试验。

3）每月按安装总量的5%进行手动报警联动测试。

4）进行各控制线路的检查维修。

（2）检查屋顶水箱及水泵房水池的蓄水是否正常，水泵房的排水设施是否正常

（3）自动喷水灭火系统

1）每月检查喷淋泵、湿式报警阀组、雨淋阀组、稳压设备、阀门、水泵结合器等是否工作正常。

2）每月手动启动喷淋泵（包括现场和联动盘操作）并模拟自动控制条件进行自动启泵和进行主备泵切换试验。

3）每月按安装数量的5%抽检末端试水装置，检查水流指示器、水力警铃、压力开关及联动信号、反馈信号是否正常。

4）每季度模拟火灾联动雨淋阀控制电磁阀动作、压力开关、水力警铃是否正常。

5）所有喷淋水泵的控制、电机、泵体（包括加润滑油、清洁、除锈和刷漆）按期检查。

（4）消火栓系统

1）每月检查消防泵、稳压设备、阀门、水泵结合器等是否工作正常。

2）每月手动启动消防泵（包括现场和联动盘操作）并模拟自动控制条件进行自动启泵和进行主备泵切换试验。

3）每月按安装数量的5%进行消火栓按钮启泵试验，每季度进行联动测试。

4）所有消防水泵的控制、电机、泵体（包括加润滑油、清洁、除锈和刷漆）按期检查修复。

（5）防排烟系统

每月根据火警联动测试区域检查各送风口、排烟口的工作状态是否正常，前室及楼梯间的正压值是否正常；检查送风机、排烟机（包括风机加润滑油、清洁、除锈和刷漆）等动作及反馈信号是否正常。

（6）消防通信系统

1）每月按分区1个的方式，检查电话插孔、分机的通话质量。

2）负责对线路的检查维修。

（7）防火分隔系统

1）每月根据火灾联动测试区域检查防火卷帘门、挡烟垂帘的工作是否正常。

2）对发生故障的防火卷帘门、挡烟垂帘负责检修。

（8）消防水炮系统

每月对红外线探测器、彩色摄像及水炮远程、现场控制、控制柜内设备进行检查，发现问题及时修复。

2. 系统季检

具体工作内容：

（1）火灾自动报警系统

1）检查消防控制室工作环境以及火灾报警控制器、联动控制器、CRT图形显示装置、消防广播、对讲电话等是否处于正常完好状态。

2）检查火灾报警控制器自检功能、消音复位功能、故障报警功能、火灾优先功能、报警记忆功能和主备电源自动转换功能，确认其工作状态。

3）安装总量的1%（不少于10个点）采用专用检测设备对控制器进行模拟火灾响应试验和故障报警试验。

4）按安装总量的5%（不少于10个点）进行手动报警按钮模拟火灾响应试验和故障报警试验。

5）测试手动或自动试验相关消防联动控制设备的控制和显示功能。

（2）自动喷水灭火系统（含水喷雾系统）

1）检查消防泵房的工作环境、消防泵、稳压设备、阀门、闭式喷头、雨淋喷头、水泵接合器等是否处于正常完好状态，并观察旁边是否有异物或影响正常使用的障碍物并及时清理。

2）手动启动喷淋泵，并模拟自动控制条件进行自动启动喷淋泵，进行主、备泵切换功能试验。

3）用末端放水装置进行放水试验，检查水流指示器和压力开关的报警功能、自动启泵功能及信号显示是否正常。

4）利用报警阀上的放水试验阀放水，试验系统供水情况；测试水力警铃工作是否正常，以及压力开关电气信号是否正确。

5）模拟火灾联动雨林阀组控制的电磁阀动作是否正常，压力开关电气信号是否正确。

6）试验与消防控制室联动控制功能、信号反馈是否正常。

（3）消火栓系统

1）检查消防泵房的工作环境、消防泵、稳压设备、阀门、水泵接合器、室内外消火栓等是否处于正常完好状态。手动启动消火栓泵，并模拟自动控制条件进行自动启动消火栓泵，进行主、备泵切换功能试验。

2）按安装数量的1%（不少于10个点）试验消火栓按钮，检查报警联动启泵功能和信号显示是否正常。

3）屋顶消火栓或最不利点消火栓出水试验，检查管网压力和水质。

4）试验与消防控制室联动控制功能、信号反馈是否正确。

（4）防火分隔系统

1）检查防火门、防火卷帘门、挡烟垂帘周围有无阻碍正常开启的障碍物，能否处于正常启闭状态。

2）按安装数量的5%试验自动方式启动防火卷帘门、挡烟垂帘。

3）按安装数量的5%试验手动按钮启动防火卷帘门。

4）通过消防控制室进行联动试验，检查防火卷帘门、挡烟垂帘动作及反馈信号是否正常。

（5）防排烟系统

1）检查送风、排烟机房的工作环境、送风口、排烟口、防火阀等是否处于正常完好状态。

2）按安装数量的5%试验自动方式打开排烟口，启动送风机、排烟机，并测试前室、楼梯间的正压值。

3）通过消防控制室进行联动试验，检查送风机、排烟机（包括风机加润滑油、清洁、除锈和刷漆）、防火阀等动作及反馈信号是否正常。

（6）消防广播通信设备

1）检查电话插孔、重要场所的对讲电话、播音设备、扬声器等是否处于正常完好状态。

2）按安装数量的5%试验电话插孔和对讲电话的通话质量。

3）按安装数量的5%试验选层（或选区）广播，检查广播声级是否正常。

4）进行从背景音乐状态下强切至事故广播状态的功能。

（7）其他消防设施

1）试验消防电梯的迫降功能是否正常。

2）进行切断非消防电源切断试验。

3）检查消防疏散通道是否畅通。

3. 系统年检

每一年派维护和专业检测人员，对委托单位的消防系统按消防设施设备检测规范作一次全面检测，上传系统报告，并为委托单位出具《消防设施设备运行检测报告》，一式两份，经双方确认签字盖章后，双方各执一份。

7.5.5 报告出具

报告出具环节由项目负责人操作。

现场检测的数据将会复制到技术服务报告相关专业模板中。

报告出具环节允许项目负责人对报告文字描述的部分内容进行修改(不含基础部分)，但必须基于现场上传的信息资料如实出具，若在监督检查或对举报投诉的核查中发现与现场不符，相关人员将承担法律责任。

项目负责人将各模板数据填写完毕，确保报告准确无误以后，一键提交。技术服务报告将自动发送至技术负责人审核，待技术负责人审核完毕后，报告正式生效。

7.5.6 报告审批

报告审批由技术负责人负责，通过系统个人账号进行电子签名后为正式报告。

报告正式生效并同步生成报告二维码及水印；未通过审核的，退回项目负责人重新编辑后再行提交审核。未审核通过的报告没有水印及二维码。

7.5.7 报告打印

技术服务报告打印由公司账号打印。

报告推送给委托单位，委托单位留存并反馈。

报告推送给委托单位需由公司账号操作。

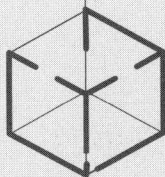

第**8**章

消防教育管理系统平台

- 消防行业从业人员职业化培训管理系统平台

- 消防救援人员培训平台

- 社会化消防培训

8.1

消防行业从业人员职业化培训管理系统平台

8.1.1 平台建设目标

通过"消防行业从业人员职业化培训管理系统平台"的建设，加强对消防服务机构从业人员的规范化管理，提高从业人员技术水平，促进消防工程安装、消防设备设施维保等工作的质量提升，消除消防安全隐患，降低消防安全事故发生率，保障社会公共消防安全和人民群众人身及财产安全。

8.1.2 职业化培训对象

培训对象：消防工程安装、消防维保等机构的相关从业人员。

从业要求：持证上岗。

8.1.3 系统主要功能

系统平台的主要功能分为培训管理端和消防服务企业端。

1. 培训管理端功能（PC 端）

（1）办班管理：包括发布办班计划（培训时间、地点、讲师、培训课程、学时等）、接收消防维保企业报名、培训学员身份信息核对、培训费用收取核对、培训花名册汇总统计。

（2）开班管理：包括培训学员签到管理、培训过程现场资料上传、培训课件上传等。

（3）考试管理：包括学员考试成绩录入，设定考试评分规则，系统根据评分规则对学员考试成绩进行自动打分和合格情况评定。

（4）发证管理：管理员根据考试结果进行发证操作，系统自动进行证书编号和自动生成电子证书格式。

（5）异常管理：包括黑名单管理、培训人员异常提醒（例如同个身份证号码从业人员多次参加培训等）。

（6）其他功能：如电子通知公告、职业化培训政策信息发布、相关从业规范信息发布、培训电子课件下载等。

2．消防服务企业端（PC 端、微信端）

（1）培训报名：根据培训管理端发布的办班计划，提交从业人员基本信息和上传身份证扫描件信息；可进行在线缴费（需对接微信支付或支付宝等第三方支付通道）。

（2）成绩查询：查询本机构从业人员的培训过程及考试成绩。

（3）证书下载：通过每一期的办班培训计划，下载本机构从业人员的电子证书。

（4）通知公告：接收系统发布的各项通知公告信息。

（5）其他功能：培训政策信息查询、电子课件下载。

8.2
消防救援人员培训平台

8.2.1 建设目标

建设消防救援人员培训平台，目的在于展现社会各种常见的应急救援场景，通过虚拟现实技术（VR）将消防应急救援场景的各要素进行虚拟化，实现仿真沉浸式培训，不受场地等外界条件限制，让救援人员身临其境，提高消防救援人员实战水平。

8.2.2 培训对象及培训内容

（1）培训对象：消防救援人员、其他相关机构消防保障人员。

（2）培训内容：常见救援场景培训，如楼房救火救援、高楼轻生者救援、交通事故车辆救援、水域救援等。

8.2.3 主要技术

运用虚拟现实技术（VR），实现仿真沉浸式培训。

8.2.4 系统主要功能

1．指挥员计划指挥和临机指挥训练

（1）力量查询：通过列表、图表、地图、统计数据等方式，快速查询消防应急作战力量的分布和作战实力情况，包括消防救援机构数量、消防设备设施数量、消防人员数量及

岗位职责。

（2）地理信息测量：在电子地图（2D或3D地图）对救援地点进行快速定位，并连接救援地点周边的消防救援机构，快速规划多条最优的行进路线，便于快速指挥调度救援力量前往。

（3）作战部署标绘：在电子地图上，结合地理信息测量结果，指挥人员可在电子触控大屏上手动进行作战部署标绘，如救援路线标绘，各救援点位作战力量（人员、设备）部署配置，系统提供各种快捷的标绘元素组件，在电子地图上以图标状显示。

（4）辅助单兵定位：对救援力量的单兵进行现场定位，以及接收现场实时数据反馈（例如视频、语音、环境数据采集等），可更加精准指挥单兵救援和自我安全保护。

2. 作战员业务培训

（1）室内熟悉演练：作战人员通过虚拟现实技术（VR）进行仿真演练，所有演练过程环节都会通过系统进行记录和自动评分。

（2）战例复盘：对历史演练战例，可实施调取复盘并播放，供所有指挥作战人员进行评价讨论，便于发现演练过程中的不足之处。

（3）作战指挥推演：将救援配备力量、救援目标、救援等级、道路交通路线、救援障碍等各种要素集中起来，为作战指挥人员提供电子沙盘救援作战推演。

（4）三维场景展示：用于展示各种救援场景的3D模型，方便作战指挥人员无需经常到实际现场进行考察，加深作战人员对各种应急救援场所环境和救援要点的熟悉程度。

8.3
社会化消防培训

8.3.1 建设目标

社会化消防培训是为了让广大人民群众学习消防知识，体验消防文化，参加休闲娱乐消防互动，深入了解消防基本共通性，了解防火安全和应对火灾的感受。

8.3.2 培训对象

社会公众（包括居民、机构职工、企业职员等）。

8.3.3 主要功能

（1）消防知识宣传：区域消防动态、生活工作消防小技巧、火灾案例分析、消防技术创新、最新救援装备等信息发布。

（2）消防公益培训办班：包括发布培训通知、线上接受报名（须提交报名人员基本信息）、现场培训过程及结果上传发布、发放培训电子证书和纸质证书（如初级社会消防人员证书）。

（3）先进消防救援人员事迹报道、消防救援转业人员再就业等。

结语

　　在2019年10月24日中共中央政治局第十八次集体学习会上，习近平总书记强调，全球主要国家都在加快布局区块链技术发展，我国在区块链领域拥有良好基础，要加快推动区块链技术和产业创新发展，积极推进区块链和经济社会融合发展，区块链已成为国家技术革新和产业变革的重要推手，将成为促进网络强国建设、数字经济发展和经济社会发展的重要推动力。

　　2020年，中国北斗系统最后一颗卫星升空，对我国的北斗卫星导航系统、遥控、传感等新技术的应用意义重大，特别是以后的5G、未来的6G，甚至量子通信等一代移动通信、网络技术升级换代，必将带来高可靠、低延时、大宽带、小投入的特性。区块链作为新一代互联网技术，具有去中心化、可追溯、开放性、防篡改等特点。新一代的移动通信技术必将为区块链提供坚实的网络基础，区块链协助新移动网络解决底层通信协议的部分短板，两者相辅相成，密不可分。新移动网络技术基础建设和区块链协同推动贸易金融、智慧城市、物联网等领域的发展，拥有大量应用场景，为各行各业创新融合降低成本、提升协作效率。中国北斗系统覆盖全球和区块链的技术与现有的我国智慧消防体系建设相得益彰，在构建"数字消防"生态中，北斗系统全面的启用和区块链技术相融合，不仅保障了数据的真实、可信任，而且保证所有上传数据传输的安全，还实现不同区域的消防、安防数据共享，在技术上规避数据造假、推卸安全责任等隐患发生，也从法律上建立不可篡改、可溯源的事故责任证据链。

　　凭借区块链技术能够有效构建更加开放、协同共赢、多方协作的交互环境，推进跨部门数据开放、提升协同效率、建设可信体系，让可信连接和可信数据成为真正具有价值的"消防大数据中心"，未来必将能够为我们智慧城市的公共安全、消防、应急救援等创造出更多的机会，也可为数字新经济创造出更多的商业价值。

参考文献

［1］ 刘海英. "大数据+区块链"共享经济发展研究——基于产业融合理论. 技术经济与管理研究，2018（01）：91-95.

［2］ 何建红. "互联网+""智慧消防"促社会消防管理创新之探讨. 工程建设与设计，2020（05）：245-246+249.

［3］ 唐俊然，"智慧消防"在防火监督业务中的应用现状与前景分析. 武警学院学报，2018. 34（06）：93-96.

［4］ Buzachis, A., et al., A multi-agent autonomous intersection management（MA-AIM）system for smart cities leveraging edge-of-things and Blockchain. Information Sciences, 2020.522: 148-163.

［5］ Sharma, A., P.K. Singh and Y. Kumar, An integrated fire detection system using IoT and image processing technique for smart cities. Sustainable Cities and Society, 2020.61: 102332.

［6］ Cheng, M., et al., BIM integrated smart monitoring technique for building fire prevention and disaster relief. Automation in Construction, 2017.84: 14-30.

［7］ Sharma, P.K. and J.H. Park, Blockchain based hybrid network architecture for the smart city. Future Generation Computer Systems, 2018.86: 650-655.

［8］ Bhushan, B., et al., Blockchain for smart cities：A review of architectures, integration trends and future research directions. Sustainable Cities and Society, 2020. 61: 102360.

［9］ Theodorou, S. and N. Sklavos, Chapter 3 - Blockchain-Based Security and Privacy in Smart Cities, in Smart Cities Cybersecurity and Privacy, D.B. Rawat and K.Z. Ghafoor, D.B. Rawat and K.Z. Ghafoor^Editors. 2019, Elsevier. 21-37.

［10］ Alam, M.A. and S. Jain, Chapter 6 - Blockchain Implementation Using Smart Grid-Based Smart City, in Handbook of Research on Blockchain Technology, S. Krishnan, et al., S. Krishnan, et al.^Editors. 2020, Academic Press. 133-169.

［11］ Singh, S., et al., Convergence of Blockchain and Artificial Intelligence in IoT Network for the Sustainable Smart City. Sustainable Cities and Society, 2020: 102364.

［12］ Xing, Z., et al., Design and Implementation of City Fire Rescue Decision Support System. Procedia Engineering, 2013.52: 483-488.

［13］ Xing, Z., et al., Design and Implementation of City Fire Rescue Decision Support

System. Procedia Engineering, 2013.52: 483-488.

［14］Chen, M., et al., Emergency rescue capability evaluation on urban fire stations in China. Process Safety and Environmental Protection, 2020.135: 59-69.

［15］Chen, M., et al., Emergency rescue capability evaluation on urban fire stations in China. Process Safety and Environmental Protection, 2020.135: 59-69.

［16］Xiao-tao, W. and W. Li-ping, Evaluation of the Fire Emergency Rescue Capability in Urban Community. Procedia Engineering, 2011.11: 536-540.

［17］Zhang, W., et al., LDC：A lightweight dada consensus algorithm based on the blockchain for the industrial Internet of Things for smart city applications. Future Generation Computer Systems, 2020.108: 574-582.

［18］Chou, J., et al., Optimal path planning in real time for dynamic building fire rescue operations using wireless sensors and visual guidance. Automation in Construction, 2019. 99: 1-17.

［19］Makhdoom, I., et al., PrivySharing：A blockchain-based framework for privacy-preserving and secure data sharing in smart cities. Computers & Security, 2020. 88: 101653.

［20］Wang, D., et al., Sequential Decision Analysis of Fire Emergency and Rescue on Urban Successional Building Fires. Procedia Engineering, 2013. 62: 1087-1095.

［21］Meng, W., et al., Towards blockchain-enabled single character frequency-based exclusive signature matching in IoT-assisted smart cities. Journal of Parallel and Distributed Computing, 2020. 144: 268-277.

［22］蔡龙江. 城市智慧消防管理云平台设计与实现. 中国新通信，2019.21（12）：74-75.

［23］王林，周家山. 古建筑群智慧消防救援指挥平台的建设管理——以武当山古建筑群紫霄宫为例. 中国房地产，2020（01）：69-73.

［24］常剑等. 基于LoRa技术的智慧消防报警系统设计. 物联网技术，2019.9（01）：46-47+51.

［25］任彦冰等. 基于区块链的分布式物联网信任管理方法研究. 计算机研究与发展，2018.55（07）：1462-1478.

［26］高国伟，龚掌立，李永先. 基于区块链的政府基础信息协同共享模式研究. 电子政务，2018（02）：15-25.

［27］焦英楠，陈英华. 基于区块链技术的物联网安全研究. 软件，2018.39（02）：88-92.

［28］汤华清. 基于物联网技术的城市消防安全管理监测平台. 消防科学与技术，2019.38（07）：1031-1034.

［29］杜玉龙，马军海，王桂立. 建筑消防设施可靠性管理研究现状与思考. 安全与环境学报，2019.19（01）：126-133.

［30］张艺馨，王龙. 浅谈大数据时代下做好智慧消防的几点思考. 电子世界，2019（23）：62-63.

［31］金立，陈鑫. 浅谈大数据时代下做好智慧消防的几点思考. 电子世界，2019（15）：86-87.

［32］何小东，易积政，陈爱斌. 区块链技术的应用进展与发展趋势. 世界科技研究与发展，2018.40（06）：615-626.

［33］张亮等. 区块链技术综述. 计算机工程，2019.45（05）：1-12.

［34］卿苏德. 区块链在物联网中的应用. 智能物联技术，2019.51（03）：1-8.

［35］胡剑飞，丁宁. 物联网技术在智慧消防中的应用研究. 电子世界，2019（02）：194+196.

［36］吴明娟等. 物联网与区块链融合技术研究综述. 物联网技术，2018.8（08）：88-91+93.

［37］何正源等. 物联网中区块链技术的应用与挑战. 应用科学学报，2020.38（01）：22-33.

［38］浦天龙，鲁广斌. 现代城市智慧消防建设探讨. 人民论坛·学术前沿，2019（05）：50-55.

［39］朱舒然，王慧华. 现代化城市公共安全服务中智慧消防的建设研究. 产业创新研究，2019（10）：126-128.

［40］万里，封智韬. 智慧城市与智慧消防的发展与未来. 今日消防，2019.4（03）：52-53.

［41］程超等. 智慧城市与智慧消防的发展与未来. 消防科学与技术，2018.37（06）：841-844.

［42］杨玉宝. 智慧消防建设现状及发展方向探讨. 消防技术与产品信息，2018.31（10）：47-49.

［43］李国生. 智慧消防平台建设探讨. 消防科学与技术，2018.37（05）：687-690.

［44］陈琪锋. 智慧消防物联网云平台分析与设计. 电子技术与软件工程，2019（04）：4.

［45］周琦等. 智慧消防应用现状与问题分析. 武警学院学报，2019.35（08）：50-54.

［46］贺雨昕，朱舒然. 智慧消防在现代化城市建设中的现状与发展对策研究. 老区

建设，2019（10）：40-43.

［47］欧阳丽炜等．智能合约：架构及进展．自动化学报，2019.45（03）：445-457.

［48］王立群，葛涵涛，张义．智能物联网助力构建智慧消防．信息通信技术与政策，2019（06）：71-76.

消防是责任重于泰山的社会公益事业

本是后山人，偶做前堂客。

书稿托付中国城市出版社，心怀七分安顿三分忐忑。在纸糊的福州棚房区出生的我，少年时最害怕的事就是"火烧厝"（福州方言）。"火烧厝好看，难为东家"，每次在火灾现场看着无情的大火烧毁了我们的家园，哭声、喊声、警笛声和噼噼啪啪的燃烧声弥漫空中，烟火味充斥眼鼻，最后留下惨不忍睹的废墟……但大火无情人有情，我为父亲是一名光荣的义务消防员而感到自豪。自我懂事以来，家父几乎每晚都带上我泡在离家不远的设在"尚书庙"里的"帮洲义务消防队"，消防队里有一辆老掉牙的红色消防车和清朝留下的各种救火设备，这些伴随着我的童年。在我的人生中，对消防的情感，对消防的理解，对消防的感受，不是外在的灌输，而是从幼小心灵内在的唤醒觉悟——消防是责任重于泰山的社会公益事业。

我从1994年开始涉足消防领域，2002年9月创办的万友消防科技控股有限公司成为中国第一家民营消防企业在香港创业板上市（HK8201），2003年10月公司更名为中国消防企业集团控股有限公司。2004年收购公安部属下国有企业四川消防机械总厂，并引入日本森田消防车技术。2008年10月由创业板转往主板上市（HK00445）。2015年6月再与中集集团合作重组，发展成为一个初具规模的国际化企业集团，2018年再次更名为中集天达控股有限公司至今，是全球领先的空港设备、消防与救援车辆及机场自动物流供应商。往事如烟，我在中消集团领导岗位连续工作已超过了20年。

在这温馨的大家庭里，在家兄江清总裁的协助下，我们得到各级领导、社会各界的朋友和同事们很多的关怀、信任、支持和宽容，同心协力克服了发展中遇到的重重困难，一道分享了成功的喜悦，这是我人生中最舒畅、最富成就感的岁月。承蒙中集集团总裁麦伯良先生信任，感谢中集天达李应辉主席和其他朋友的帮助和关心，让我们创建的上市公司走向世界，再创辉煌。

2017年9月，感恩福州市规划设计研究院陈硕副院长引见我认识他的牛津大学学弟，区块链科学院阮安邦博士，正因他能坚持13年专注密码学、区块链的研究，才可"心中有而口中无的简单"，通俗易懂地让我系统地接触、认知了区块链。从那时到现在，我们一直在福建省东盟海洋经济研究院——区块链研究中心，规划《构建全球化3.0的数字海洋经济产业生态》，应用区块链等技术升级中国—东盟海产品交易所系统，解决"一所多中心"方案的难题，先后申请了32个区块链技术专利。摆在朋友们面前的这本书的区块链技术大多数选自这个时期的应用专利技术，受益的我也许"觉悟"在某一刻，怦然心动，醍醐灌顶，以不同的感悟延展了殊途同归的价值。

感谢在本书的编著过程中，一直信任和支持的参与单位：福建公享科技有限公司。

感谢中国建筑出版传媒有限公司副总编辑胡永旭对本书出版的亲自关照，感谢本书的编辑唐旭、李东禧、吴绫、孙硕。感谢在本书编辑过程中史宇恒先生给予的协助。

感谢陈硕院长，正是有了他的鼓励与支持，本书才得以诞生。此外，作为本书的第一读者，他不遗余力地指导和建议具有特殊的价值。

感谢中国消防协会吴礼龙先生热心地帮助与指正，遇到如此负责的领导是一种难得的福分。

感谢国家工信部工业互联网区块链重大项目评审专家、中国移动通信联合会区块链专业委员会主任委员陈晓华教授对本书出版的关心和大力支持，而他慷慨应允为本书作序，令本书增色不少。

本书还参考了许多文献和引用专家们的意见，由于篇幅有限，仅列出了主要参考文献，在此，我真诚地向各位专家表示感谢！

特别鸣谢各个领域的专家和朋友们：

何增福	JANET M JOHNSON	庄 政	何 宝	筠 蔓
梁锦星	赵丽芳	林 志	任 龙	肖明星	蒋 渝
林春萍	陈宗斌	廖纲枝	甘建业	付 强	翁秀霞
陈 喆	蔡 钧	刘 君	杨永升	林宏曦	朱文婷
陈世丰	俞积余	陈忠林	林 沁	张惠超	赖金耀
陈鑫磊	李武雪	胡亨华

江雄
2020年9月23日于福州象山